Dulces Creaciones
Un Viaje Irresistible al Mundo de las Tartas

Carolina Mendoza

Índice

diario de navidad 11

Pastel de gorro de Pascua 13

Pastel de Pascua Simnel 15

12. pastel de noche 17

Tarta de manzana al microondas 18

Tarta de manzana al microondas 19

Pastel de manzana y nueces en microondas..20

Pastel de zanahoria al microondas..21

Tarta de microondas con zanahoria, piña y nueces 22

Galletas de salvado aromatizadas en el microondas. 24

Tarta de microondas con plátano y maracuyá 25

Tarta de queso con naranja horneada en el microondas....................................26

Tarta de queso con piña en el microondas 28

Pan para microondas con cerezas y nueces 29

Tarta de chocolate del microondas 30

Tarta de chocolate y almendras para microondas 31

Brownies dobles de chocolate para el microondas...33

Barras de chocolate para el microondas 34

Cuadritos de chocolate para el microondas..35

Pastel de café rápido en microondas 36

Tarta navideña del microondas 37

Pastel de migas en microondas 39

Barras de dátiles para microondas 40

Pan de higos al microondas 41

Tapas de microondas 42

Pastel de frutas del microondas 43

Cuadritos de fruta y coco para el microondas 44

Pastel de dulce de azúcar en microondas 45

Pan de miel al microondas 46

palitos de pan de jengibre aptos para el microondas 47

Pastel dorado del microondas 48

Tarta de miel y avellanas para microondas 49

Barritas masticables de muesli para el microondas 50

Pastel de nueces del microondas 51

Pastel de jugo de naranja al microondas 52

pavlova de microondas 53

pastel de microondas 54

Tarta de fresas del microondas 55

Bizcocho de microondas 56

Barras de microondas Sultana 57

Galletas con chispas de chocolate para el microondas 58

Galletas de coco para el microondas 59

Florentinas al microondas 60

Galletas de avellanas y cerezas para microondas 61

Galletas sultana para microondas 62

Pan de plátano para microondas 63

Pan de queso para el microondas. 64

Pan de nueces para el microondas. 65

Pastel de Amaretti sin hornear 66

Palitos de arroz crujientes americanos 67

cuadrados de damasco	68
Pastel de damasco suizo	69
galletas rotas	70
Pastel de suero de leche sin hornear	71
rodaja de castaña	72
Bizcocho de castañas	73
Barras de chocolate y almendras	75
Pastel de chocolate fresco	76
Cuadrados de chocolate	77
Pastel helado de chocolate	78
Tarta de chocolate y frutas	79
Cuadritos de chocolate y jengibre	80
Cuadrados de lujo de chocolate y jengibre	81
Galletas de chocolate con miel	82
Pastel de chocolate	83
buenas barras de chocolate	84
Cuadritos de praliné de chocolate	85
patatas fritas de coco	86
barras crujientes	87
Chips de coco y pasas	88
Cuadritos de cafe con leche	89
Pastel de frutas sin hornear	90
cuadritos de frutas	91
Partir fruta y fibra	92
Tarta de turrón	93
Cuadritos de leche y nuez moscada	94
Muesli Crujiente	96

Cuadrados de espuma naranja	97
cuadritos de maní	98
Galletas de caramelo de menta	99
galletas de arroz	100
Toffee con arroz y chocolate	101
pasta de almendra	102
Pasta de almendras sin azúcar	103
glaseado real	104
glaseado sin azúcar	105
cobertura de fondant	106
Glaseado de mantequilla	107
Cobertura de chocolate para repostería	108
Glaseado de mantequilla de chocolate blanco	109
Glaseado de mantequilla de café	110
Glaseado de mantequilla de limón	111
Glaseado de mantequilla de naranja	112
Tarta helada de queso crema	113
glaseado de naranja	114
pasteles de crema	115
pasteles de crema daneses	116
pasteles de frutas	117
pastel genovés	119
pastel de jengibre	120
pasteles de gelatina	121
pastel de nuez	122
Pastel de nueces y manzana	123
Tarta de Gainsborough	124

Pastel de limón	125
tartaletas de limon	126
pastel de naranja	127
Tarta de pera	128
Tarta de pera y almendras	129
pastel real de pasas	131
Pastel con pasas y crema agria	133
pastel de fresa	134
pastel de melaza	136
Pastel de nueces y melaza	137
Pastel Amish Shoo-fly	138
Rebanada de pudín de Boston	139
Pastel americano de la montaña blanca.	140
pastel de suero de leche americano	142
Pastel caribeño de ron y jengibre	143
tarta sacher	144
pastel de ron caribeño	146
pastel de mantequilla danés	148
pastel danés de cardamomo	149
Pastel de Pithiviers	150
Torta de reyes	151
crema de caramelo	152
Gugelhopf	153
Chocolate de lujo Gugelhopf	155
Robado	157
Estola de almendra	159
Stollen de pistacho	161

baklava	163
El estrés húngaro se arremolina	164
Panfort	166
Pastel de cinta de macarrones	168
Pastel de arroz italiano con Grand Marnier	169
bizcocho siciliano	170
pastel italiano de ricota	172
Pastel italiano de fideos	173
Tarta italiana de nueces y mascarpone	174
Pastel de manzana holandesa	175
Pastel sencillo noruego	176
Kransekake noruego	177
pasteles de coco portugueses	178
Pastel escandinavo Tosca	179
Galletas Hertzog de Sudáfrica	180
pastel vasco	181
Pracito de almendras y queso crema	183
Puerta de la Selva Negra	185
Pastel de chocolate y almendras	186
Tarta de queso y chocolate	187
Pastel de dulce de chocolate	189
Pastel de algarroba y menta	191
Pastel con café helado	192
Ring Gâteau de café y nueces	193
Tarta de chocolate y pudín danés	195
pastel de frutas	197
savarin de frutas	198

pastel de jengibre 200

Pastel de uva y melocotón 201

pastel de limón 203

Puerta marrón 204

milhojas 206

pastel de naranja 207

Gâteau de mermelada de naranja de cuatro capas 208

Pastel de nueces y dátiles 210

Pastel de ciruelas y canela 212

Pastel de capas de ciruelas pasas 213

pastel con rayas arcoiris 215

Pastel St-Honoré 217

Pastel De Choux De Fresa 219

diario de navidad

hazlo

3 huevos

100 g / 4 oz / ½ taza de azúcar glass (muy fina)

100 g / 4 oz / 1 taza de harina común (para todo uso)

50 g / 2 oz / ½ taza de chocolate suave (semidulce), rallado

15 ml / 1 cucharada de agua caliente

Azúcar refinada (superfina) para laminar

Para la cobertura (glaseado):

175 g / 6 oz / ¾ taza de mantequilla o margarina, ablandada

350 g / 12 oz / 2 tazas de azúcar en polvo (de repostería), tamizada

30 ml / 2 cucharadas de agua tibia

30 ml / 2 cucharadas de cacao en polvo (chocolate sin azúcar) Para decoración:

Hojas de acebo y tordo (opcional)

En un recipiente resistente al calor colocado sobre una cacerola con agua hirviendo, bata los huevos con el azúcar. Sigue batiendo hasta que la mezcla esté firme y suelta la batidora en tiras. Retirar del fuego y batir hasta que se enfríe. Doblar la harina por la mitad, luego el chocolate, el resto de la harina y agregar el agua. Pasar a un molde suizo (molde para gelatina) engrasado y forrado y hornear en horno precalentado a una temperatura de 220 °C / 425 °F / gas 7 durante unos 10 minutos, hasta que esté firme al tacto. Espolvoree una hoja grande de papel pergamino (encerado) con azúcar en polvo. Dale la vuelta al bizcocho y colócalo sobre el papel y recorta los bordes. Cubrir con otra hoja de papel y enrollar ligeramente por el borde corto.

Para preparar la cobertura, bate la mantequilla o margarina con el azúcar glass y agrega el agua y el cacao. Desenrolla el bizcocho enfriado, retira el papel y extiende la mitad del glaseado sobre el bizcocho. Enrolle nuevamente y cubra con el glaseado restante, pinche con un tenedor para que parezca un tronco. Espolvorea un poco de azúcar glass por encima y decora como desees.

Pastel de gorro de Pascua

Rinde un pastel de 20 cm / 8

75 g / 3 oz / 1/3 taza de azúcar mascabado

3 huevos

75 g / 3 oz / ¾ taza de harina con levadura (con levadura)

15 ml/1 cucharada de cacao en polvo (chocolate sin azúcar).

15 ml / 1 cucharada de agua tibia

Para el llenado:
50 g / 2 oz / ¼ taza de mantequilla o margarina, ablandada

75 g / 3 oz / ½ taza de azúcar en polvo (de repostería), tamizada

En el techo:
100 g / 4 oz / 1 taza de chocolate liso (semidulce)

25 g / 1 oz / 2 cucharadas de mantequilla o margarina

Cinta o flores de azúcar (opcional)

Batir el azúcar y los huevos en un recipiente resistente al calor sobre una olla con agua hirviendo. Continúe batiendo hasta que la mezcla esté espesa y cremosa. Deja reposar unos minutos, retira del fuego y vuelve a batir hasta que la mezcla deje un rastro al retirar la batidora. Mezclar la harina y el cacao y agregar agua. Vierta la mezcla en un molde para pasteles (molde para hornear) de 20 cm / 8 engrasado y forrado y en un molde para pasteles engrasado y forrado de 15 cm / 6. Hornee en un horno precalentado a 200 °C/400 °F/termostato 6 durante 15-20 minutos hasta que haya subido bien y esté firme al tacto. Dejar enfriar sobre una rejilla.

Para preparar el relleno, bata la margarina con el azúcar glass. Úselo para colocar un pastel más pequeño encima de uno más grande.

Para hacer el glaseado, derrita el chocolate y la mantequilla o margarina en un recipiente resistente al calor colocado sobre una cacerola con agua hirviendo. Unta el glaseado sobre el bizcocho y extiéndelo con un cuchillo mojado en agua caliente para que quede completamente cubierto. Decora el borde con cinta o flores de azúcar.

Pastel de Pascua Simnel

Rinde un pastel de 20 cm / 8

225 g / 8 oz / 1 taza de mantequilla o margarina, ablandada

225 g / 8 oz / 1 taza de azúcar moreno suave

Ralladura de 1 limón

4 huevos batidos

225 g / 8 oz / 2 tazas de harina común (para todo uso)

5 ml / 1 cucharadita de levadura en polvo

2,5 ml / ½ cucharadita de nuez moscada rallada

50 g / 2 oz / ½ taza de harina de maíz (maicena)

100 g / 4 oz / 2/3 taza de pasas (pasas doradas)

100 g / 4 oz / 2/3 taza de pasas

75 g / 3 oz / ½ taza de grosellas

100 g / 4 oz / ½ taza de cerezas glaseadas (confitadas), picadas

25 g / 1 oz / ¼ taza de almendras molidas

450 g / 1 libra de pasta de almendras

30 ml / 2 cucharadas de mermelada de albaricoque (lata)

1 clara de huevo batida

Batir la mantequilla o margarina, el azúcar y la ralladura de limón hasta que esté suave y esponjosa. Batir poco a poco los huevos y luego añadir la harina, el polvo para hornear, la nuez moscada y la maicena. Agrega frutas y almendras. Verter la mitad de la mezcla en un molde para bizcocho engrasado y forrado de 20 cm / 8 de diámetro. Estirar la mitad de la masa de almendras formando un círculo del tamaño del bizcocho y colocar encima de la mezcla. Rellenar con la mezcla restante y hornear en horno precalentado a 160°C / 325°F / marca 3 durante 2-2½ horas hasta que esté dorado. Déjalo enfriar en el formulario. Cuando esté frío, desmolda y envuelve en papel pergamino (encerado). Si es posible, guárdelo en un recipiente hermético hasta por tres semanas para que madure.

Para terminar el bizcocho, unta la parte superior con mermelada. Estirar tres cuartas partes de la masa de almendras restante formando un círculo de 20 cm/8, recortar los bordes y colocar encima del bizcocho. Enrolle la pasta de almendras restante en 11 bolas (para representar a los discípulos sin Judas). Pincelar la parte superior del bizcocho con la clara de huevo batida y disponer las bolas en los bordes del bizcocho y untar con la clara de huevo. Colóquelo debajo de una parrilla caliente (asador) durante aproximadamente un minuto para que se dore ligeramente.

12. pastel de noche

Rinde un pastel de 20 cm / 8

225 g / 8 oz / 1 taza de mantequilla o margarina, ablandada

225 g / 8 oz / 1 taza de azúcar moreno suave

4 huevos batidos

225 g / 8 oz / 2 tazas de harina común (para todo uso)

5 ml / 1 cucharadita de pimienta molida (tarta de manzana)

175 g / 6 oz / 1 taza de pasas (pasas doradas)

100 g / 4 oz / 2/3 taza de pasas

75 g / 3 oz / ½ taza de grosellas

50 g / 2 oz / ¼ taza de cerezas glaseadas (confitadas)

50 g / 2 oz / 1/3 taza de cáscara mixta picada (confitada)

30 ml / 2 cucharadas de leche

12 velas para decorar

Batir la mantequilla o margarina y el azúcar hasta que esté suave y esponjosa. Incorpora poco a poco los huevos, luego agrega la harina, las especias mezcladas, la fruta y las cáscaras y mezcla hasta que quede suave, agregando un poco de leche si es necesario para obtener una mezcla suave. Transfiera a un molde engrasado de 20 cm / 8 engrasado y forrado con una cuchara y hornee en horno precalentado a 180 °C / 350 °F / gas 4 durante 2 horas, hasta que al insertar un palillo en el centro, éste salga limpio. Pasar el rato

Tarta de manzana al microondas

Rinde un cuadrado de 23 cm / 9

100 g / 4 oz / ½ taza de mantequilla o margarina, ablandada

100 g / 4 oz / ½ taza de azúcar moreno blando

30 ml / 2 cucharadas de almíbar dorado (maíz light)

2 huevos, ligeramente batidos

225 g / 8 oz / 2 tazas de harina con levadura (con levadura)

10 ml / 2 cucharaditas de pimienta molida (tarta de manzana)

120 ml / 4 fl oz / ½ taza de leche

2 manzanas hervidas (tortas), peladas, sin corazón y en rodajas finas

15 ml / 1 cucharada de azúcar granulada (muy fina)

5 ml / 1 cucharadita de canela en polvo

Batir la mantequilla o margarina, el azúcar moreno y el almíbar hasta que esté suave y esponjoso. Agrega los huevos poco a poco. Agregue la harina y las especias mezcladas, luego agregue la leche hasta que quede suave. Recoge manzanas. Vierta en un molde (tubo) redondo para microondas de base de 23 cm/9 engrasado y forrado y cocine en el microondas a temperatura media durante 12 minutos hasta que esté firme. Déjalo reposar durante 5 minutos, luego dale la vuelta y espolvorea con azúcar glass y canela.

Tarta de manzana al microondas

Rinde un pastel de 20 cm / 8

100 g / 4 oz / ½ taza de mantequilla o margarina, ablandada

175 g / 6 oz / ¾ taza de azúcar moreno suave

1 huevo, ligeramente batido

175 g / 6 oz / 1 ½ tazas de harina común (para todo uso)

2,5 ml / ½ cucharadita de levadura en polvo

un poco de sal

2,5 ml / ½ cucharadita de pimienta de Jamaica molida

1,5 ml / ¼ cucharadita de nuez moscada rallada

1,5 ml / ¼ cucharadita de clavo molido

300 ml / ½ pt / 1¼ tazas de puré de manzana (salsa) sin azúcar

75 g / 3 oz / ½ taza de pasas

azúcar en polvo para espolvorear

Batir la mantequilla o margarina y el azúcar moreno hasta que esté suave y esponjoso. Agrega el huevo de a poco y alternando con el puré de manzana y las pasas, agrega la harina, el polvo para hornear, la sal y la pimienta. Transfiera a un cazo de 20 cm/8 engrasado y enharinado en un plato cuadrado y cocine en el microondas a temperatura alta durante 12 minutos. Dejar enfriar en una bandeja para horno, cortar en cuadritos y espolvorear con azúcar glass.

Pastel de manzana y nueces en microondas

Rinde un pastel de 20 cm / 8

175 g / 6 oz / ¾ taza de mantequilla o margarina, ablandada

100 g / 4 oz / ½ taza de azúcar glass (muy fina)

3 huevos, ligeramente batidos

30 ml / 2 cucharadas de almíbar dorado (maíz light)

Ralladura y jugo de 1 limón

175 g / 6 oz / 1 ½ tazas de harina con levadura

50 g / 2 oz / ½ taza de nueces picadas

1 manzana de mesa (de postre), pelada, sin corazón y cortada en rodajas

100 g / 4 oz / 2/3 taza de azúcar glass (caramelo)

30 ml / 2 cucharadas de jugo de limón

15 ml / 1 cucharada de agua

Mitades de nueces para decorar.

Batir la mantequilla o margarina y el azúcar en polvo hasta que esté suave y esponjosa. Agregue poco a poco los huevos, luego el almíbar, la ralladura de limón y el jugo. Agrega la harina, las nueces picadas y la manzana. Vierta en un recipiente apto para microondas de 20 cm/8 engrasado y cocine en el microondas durante 4 minutos a temperatura alta. Retirar del horno y cubrir con papel de aluminio. Déjalo enfriar. Mezcle el azúcar en polvo con jugo de limón y suficiente agua para hacer un glaseado suave (glaseado). Untar sobre el bizcocho y decorar con mitades de nueces.

Pastel de zanahoria al microondas

Rinde un pastel de 18 cm / 7

100 g / 4 oz / ½ taza de mantequilla o margarina, ablandada

100 g / 4 oz / ½ taza de azúcar moreno blando

2 huevos batidos

Piel rallada y zumo de 1 naranja.

2,5 ml / ½ cucharadita de canela en polvo

Una pizca de nuez moscada rallada

100 g / 4 oz de zanahorias ralladas

100 g / 4 oz / 1 taza de harina con levadura (autoleudante)

25 g / 1 oz / ¼ taza de almendras molidas

25 g / 1 oz / 2 cucharadas de azúcar glass (muy fina)

En el techo:
100 g / 4 oz / ½ taza de queso crema

50 g / 2 oz / 1/3 taza de azúcar glass, tamizada

30 ml / 2 cucharadas de jugo de limón

Batir la mantequilla y el azúcar hasta que estén suaves y esponjosos. Agregue poco a poco los huevos, luego el jugo y la ralladura de naranja, la pimienta y las zanahorias. Mezclar la harina, las almendras y el azúcar. Verter en un molde para tartas engrasado y relleno de 18 cm/7 de diámetro y cubrir con film plástico (plástico). Cocine en el microondas a temperatura alta durante 8 minutos, hasta que al insertar una brocheta en el centro, ésta salga limpia. Retire el film transparente y déjelo reposar durante 8 minutos antes de colocarlo sobre una rejilla para que termine de enfriarse. Batir los ingredientes para el glaseado y esparcirlo sobre el bizcocho enfriado.

Tarta de microondas con zanahoria, piña y nueces

Rinde un pastel de 20 cm / 8

225 g / 8 oz / 1 taza de azúcar glass (muy fina)

2 huevos

120 ml / 4 fl oz / ½ taza de aceite

1,5 ml / ¼ cucharadita de sal

5 ml / 1 cucharadita de bicarbonato de sodio (bicarbonato de sodio)

100 g / 4 oz / 1 taza de harina con levadura (autoleudante)

5 ml / 1 cucharadita de canela en polvo

175 g / 6 oz de zanahorias ralladas

75 g / 3 oz / ¾ taza de nueces picadas

225 g / 8 oz de piña triturada con jugo

Para la cobertura (glaseado):

15 g / ½ onza / 1 cucharada de mantequilla o margarina

50 g / 2 oz / ¼ taza de queso crema

10 ml / 2 cucharaditas de jugo de limón

Azúcar en polvo, tamizada

Forre una forma circular grande (en forma de tubo) con papel de hornear. Batir el azúcar, los huevos y el aceite. Incorpora suavemente los ingredientes secos hasta que estén bien combinados. Agrega los ingredientes restantes del pastel. Vierta la mezcla en el molde preparado, colóquela sobre una rejilla o un plato invertido y cocine en el microondas durante 13 minutos o hasta que cuaje. Déjalo reposar 5 minutos y luego métalo al horno para que se enfríe.

Mientras tanto, prepara el glaseado. Coloque la mantequilla o margarina, el queso crema y el jugo de limón en un bol y cocine en el microondas durante 30-40 segundos. Agrega poco a poco suficiente azúcar granulada hasta obtener una consistencia espesa y bate hasta que esté cremoso. Cuando el bizcocho se haya enfriado, extiéndelo sobre el glaseado.

Galletas de salvado aromatizadas en el microondas.

hace 15 años

75 g / 3 oz / ¾ taza de salvado integral

250 ml / 8 fl oz / 1 taza de leche

175 g / 6 oz / 1 ½ tazas de harina común (para todo uso)

75 g / 3 oz / 1/3 taza de azúcar glass (muy fina)

10 ml / 2 cucharaditas de levadura en polvo

10 ml / 2 cucharaditas de pimienta molida (tarta de manzana)

un poco de sal

60 ml / 4 cucharadas de almíbar dorado (maíz claro)

45 ml / 3 cucharadas de aceite

1 huevo, ligeramente batido

75 g / 3 oz / ½ taza de pasas

15 ml / 1 cucharada de piel de naranja rallada

Remoja el cereal en leche durante 10 minutos. Mezcle la harina, el azúcar, el polvo para hornear, la pimienta y la sal y mezcle con el cereal. Agrega el almíbar, el aceite de oliva, el huevo, las pasas y la ralladura de naranja. Vierta en vasos de papel (papel para cupcakes) y cocine en el microondas cinco pasteles a la vez durante 4 minutos. Repita para los pasteles restantes.

Tarta de microondas con plátano y maracuyá

Rinde un pastel de 23 cm / 9

100 g / 4 oz / ½ taza de mantequilla o margarina derretida

175 g / 6 oz / 1 ½ tazas de pan de jengibre rallado (galleta)

250 g / 9 oz / 1 taza de queso crema generoso

175 ml / 6 fl oz / ¾ taza de crema agria (ácido láctico)

2 huevos, ligeramente batidos

100 g / 4 oz / ½ taza de azúcar glass (muy fina)

Ralladura y jugo de 1 limón

150 ml / ¼ pt / 2/3 taza de crema espesa

1 plátano, cortado en rodajas

1 maracuyá picada

Mezcle la mantequilla o margarina y las migas de galleta y presione en el fondo y los lados de un molde para pasteles de 23 cm / 9 cm apto para microondas. Cocine en el microondas a temperatura alta durante 1 minuto. Déjalo enfriar.

Batir el queso crema y la nata hasta que quede suave, luego agregar el huevo, el azúcar, el jugo de limón y la ralladura. Extender sobre la base y distribuir uniformemente. Cocine a fuego medio durante 8 minutos. Déjalo enfriar.

Montar la nata a punto de nieve y esparcirla por el molde. Cubrir con rodajas de plátano y cubrir con pulpa de maracuyá.

Tarta de queso con naranja horneada en el microondas

Rinde un pastel de 20 cm / 8

50 g / 2 oz / ¼ taza de mantequilla o margarina

12 galletas digestivas (galletas Graham), trituradas

100 g / 4 oz / ½ taza de azúcar glass (muy fina)

225 g / 8 oz / 1 taza de queso crema

2 huevos

30 ml / 2 cucharadas de jugo de naranja concentrado

15 ml / 1 cucharada de jugo de limón

150 ml / ¼ pt / 2/3 taza de crema agria (ácido láctico)

un poco de sal

1 naranja

30 ml / 2 cucharadas de mermelada de albaricoque (lata)

150 ml / ¼ pt / 2/3 taza de crema doble (espesa)

Derrita la mantequilla o margarina en un molde para budín de 20 cm / 8 microondas a temperatura alta durante 1 minuto. Mezcle las galletas y 25 g / 1 oz / 2 cucharadas de azúcar y presione en el fondo y los lados del bol. Batir el queso con el resto del azúcar y los huevos, luego agregar el jugo de naranja y limón, la nata y la sal. Colocar en un molde (pelar) y llevar al microondas por 2 minutos. Deje reposar durante 2 minutos, luego otros 2 minutos a temperatura alta. Deje reposar 1 minuto, luego 1 minuto en temperatura alta. Déjalo enfriar.

Pelar la naranja y quitar los gajos de membrana con un cuchillo afilado. Derretir la mermelada y esparcirla sobre la tarta de queso.

Montar la nata con una pipa por el borde de la tarta de queso y decorar con rodajas de naranja.

Tarta de queso con piña en el microondas

Rinde un pastel de 23 cm / 9

100 g / 4 oz / ½ taza de mantequilla o margarina derretida

175 g / 6 oz / 1 ½ tazas de galletas digestivas (galletas Graham)

250 g / 9 oz / 1 taza de queso crema generoso

2 huevos, ligeramente batidos

5 ml / 1 cucharadita de piel de limón rallada

30 ml / 2 cucharadas de jugo de limón

75 g / 3 oz / 1/3 taza de azúcar glass (muy fina)

400 g / 14 oz / 1 lata grande de piña, escurrida y triturada

150 ml / ¼ pt / 2/3 taza de crema doble (espesa)

Mezcle la mantequilla o margarina y las migas de galleta y presione en el fondo y los lados de un molde para pasteles de 23 cm / 9 cm apto para microondas. Cocine en el microondas a temperatura alta durante 1 minuto. Déjalo enfriar.

Batir el queso crema, los huevos, la ralladura de limón, el jugo y el azúcar hasta que quede suave. Agrega la piña y colócala en la base. Cocine en el microondas a temperatura media durante 6 minutos hasta que esté firme. Déjalo enfriar.

Batir la nata hasta que esté firme y luego verterla sobre la tarta de queso.

Pan para microondas con cerezas y nueces

Rinde un pan de 900 g / 2 lb

175 g / 6 oz / ¾ taza de mantequilla o margarina, ablandada

175 g / 6 oz / ¾ taza de azúcar moreno suave

3 huevos batidos

225 g / 8 oz / 2 tazas de harina común (para todo uso)

10 ml / 2 cucharaditas de levadura en polvo

un poco de sal

45 ml / 3 cucharadas de leche

75 g / 3 oz / 1/3 taza de cerezas glaseadas (confitadas)

75 g / 3 oz / ¾ taza de nueces mixtas picadas

25 g / 1 oz / 3 cucharadas de azúcar en polvo (de repostería), tamizada

Batir la mantequilla o margarina y el azúcar moreno hasta que esté suave y esponjoso. Batir poco a poco los huevos, luego añadir la harina, la levadura y la sal. Agrega suficiente leche para lograr una consistencia suave, luego agrega las cerezas y las nueces. Vierta en un molde para pastel de 900 g / 2 lb engrasado y forrado y espolvoree con azúcar. Cocine en el microondas a temperatura alta durante 7 minutos. Deje reposar durante 5 minutos, luego colóquelo sobre una rejilla para que termine de enfriarse.

Tarta de chocolate del microondas

Rinde un pastel de 18 cm / 7

225 g / 8 oz / 1 taza de mantequilla o margarina, ablandada

175 g / 6 oz / ¾ taza de azúcar glass (muy fina)

150 g / 5 oz / 1 ¼ tazas de harina con levadura (autoleudante)

50 g / 2 oz / ¼ taza de cacao (chocolate sin azúcar) en polvo

5 ml / 1 cucharadita de levadura en polvo

3 huevos batidos

45 ml / 3 cucharadas de leche

Mezclar todos los ingredientes y ponerlos en una fuente engrasada y forrada de 18 cm / 7 cm de diámetro apta para microondas. Cocine en el microondas a temperatura alta durante 9 minutos hasta que esté firme al tacto. Deje enfriar en el molde durante 5 minutos, luego colóquelo sobre una rejilla para terminar de enfriar.

Tarta de chocolate y almendras para microondas

Rinde un pastel de 20 cm / 8

Para el pastel:

100 g / 4 oz / ½ taza de mantequilla o margarina, ablandada

100 g / 4 oz / ½ taza de azúcar glass (muy fina)

2 huevos, ligeramente batidos

100 g / 4 oz / 1 taza de harina con levadura (autoleudante)

50 g / 2 oz / ½ taza de cacao (chocolate sin azúcar) en polvo

50 g / 2 oz / ½ taza de almendras molidas

150 ml / ¼ pt / 2/3 taza de leche

60 ml / 4 cucharadas de almíbar dorado (maíz claro)

Para la cobertura (glaseado):

100 g / 4 oz / 1 taza de chocolate liso (semidulce)

25 g / 1 oz / 2 cucharadas de mantequilla o margarina

8 almendras enteras

Para hacer el bizcocho, bate la mantequilla o margarina con el azúcar hasta que esté suave y esponjoso. Batir poco a poco los huevos, luego añadir la harina y el cacao, seguido de las almendras molidas. Agregue la leche y el almíbar y bata hasta que esté suave y esponjoso. Transfiera a un recipiente apto para microondas de 20 cm/8 forrado con film transparente (film plástico) y cocine en el microondas durante 4 minutos a temperatura alta. Retirar del horno, cubrir con papel de aluminio y dejar enfriar un poco, luego colocar en el horno para que se enfríe.

Para hacer el glaseado, derrite el chocolate y la mantequilla o margarina durante 2 minutos. Golpea bien. Sumerge las almendras partidas por la mitad en chocolate y déjalas reposar sobre papel pergamino (encerado). Cubre el bizcocho con el glaseado restante y extiéndelo por encima y por los lados. Decorar con almendras y dejar endurecer.

Brownies dobles de chocolate para el microondas

hace 8

150 g / 5 oz / 1 ¼ tazas de chocolate suave (semidulce), picado en trozos grandes

75 g / 3 oz / 1/3 taza de mantequilla o margarina

175 g / 6 oz / ¾ taza de azúcar moreno suave

2 huevos, ligeramente batidos

150 g / 5 oz / 1 ¼ tazas de harina común (para todo uso)

2,5 ml / ½ cucharadita de levadura en polvo

2,5 ml / ½ cucharadita de esencia de vainilla (extracto)

30 ml / 2 cucharadas de leche

Derrita 50 g / 2 oz / ½ taza de chocolate con mantequilla o margarina durante 2 minutos. Agrega el azúcar y los huevos, agrega la harina, la levadura, la esencia de vainilla y la leche hasta que quede suave. Transfiera a un plato cuadrado engrasado de 20 cm/8 apto para microondas y 7 minutos a temperatura alta. Dejar enfriar en un plato durante 10 minutos. Derretir el chocolate restante durante 1 minuto, esparcir sobre el bizcocho y dejar enfriar. Cortar en cuadrados.

Barras de chocolate para el microondas

hace 8

50 g / 2 oz / 1/3 taza de dátiles sin hueso, picados

60 ml / 4 cucharadas de agua hirviendo

65 g / 2½ oz / 1/3 taza de mantequilla o margarina, ablandada

225 g / 8 oz / 1 taza de azúcar glass (muy fina)

1 huevo

100 g / 4 oz / 1 taza de harina común (para todo uso)

10 ml / 2 cucharaditas de cacao (chocolate sin azúcar) en polvo

2,5 ml / ½ cucharadita de levadura en polvo

un poco de sal

25 g / 1 oz / ¼ taza de nueces mixtas picadas

100 g / 4 oz / 1 taza de chocolate suave (semidulce), finamente picado

Mezclar los dátiles con agua hirviendo y dejar reposar hasta que se enfríen. Batir la mantequilla o margarina con la mitad del azúcar hasta que esté suave y esponjosa. Agregue poco a poco el huevo y luego mezcle alternativamente la harina, el cacao, el polvo para hornear, la sal y la mezcla de dátiles. Verter en un bol apto para microondas de 20 cm / 8 engrasado y enharinado. Mezclar el azúcar restante con las nueces y el chocolate y espolvorear por encima presionando ligeramente. Cocine en el microondas a temperatura alta durante 8 minutos. Déjalo enfriar en un plato antes de cortarlo en cuadritos.

Cuadritos de chocolate para el microondas

Hace 16 años

Para el pastel:

50 g / 2 oz / ¼ taza de mantequilla o margarina

5 ml / 1 cucharadita de azúcar glass (muy fina)

75 g / 3 oz / ¾ taza de harina común (para todo uso)

1 yema

15 ml / 1 cucharada de agua

175 g / 6 oz / 1 ½ tazas de chocolate suave (semidulce), rallado o picado

En el techo:

50 g / 2 oz / ¼ taza de mantequilla o margarina

50 g / 2 oz / ¼ taza de azúcar glass (muy fina)

1 huevo

2,5 ml / ½ cucharadita de esencia de vainilla (extracto)

100 g / 4 oz / 1 taza de nueces picadas

Para hacer el bizcocho, ablandar la mantequilla o margarina y añadir el azúcar, la harina, la yema de huevo y el agua. Extienda la mezcla uniformemente en un plato apto para microondas de 20 cm/8 cuadrados y caliente a temperatura alta durante 2 minutos. Espolvorea con chocolate y cocínalo en el microondas durante 1 minuto. Distribuir uniformemente sobre la base y dejar reposar.

Para hacer el glaseado, calienta la mantequilla o la margarina en el microondas durante 30 segundos. Agrega los ingredientes restantes para el glaseado y unta sobre el chocolate. Cocine en el microondas a temperatura alta durante 5 minutos. Dejar enfriar y cortar en cuadritos.

Pastel de café rápido en microondas

Rinde un pastel de 19 cm / 7 pulgadas

Para el pastel:

225 g / 8 oz / 1 taza de mantequilla o margarina, ablandada

225 g / 8 oz / 1 taza de azúcar glass (muy fina)

225 g / 8 oz / 2 tazas de harina con levadura (con levadura)

5 huevos

45 ml / 3 cucharadas de esencia de café (extracto)

Para la cobertura (glaseado):

30 ml / 2 cucharadas de esencia de café (extracto)

175 g / 6 oz / ¾ taza de mantequilla o margarina

Azúcar en polvo, tamizada

Mitades de nueces para decorar.

Mezcle todos los ingredientes del pastel hasta que estén bien combinados. Divida entre dos moldes para pastel de 19 cm/7 aptos para microondas y cocine cada uno a temperatura alta durante 5-6 minutos. Retirar del microondas y dejar enfriar.

Mezclar los ingredientes para el glaseado, endulzar al gusto con azúcar glass. Cuando esté frío, cubre los cupcakes con la mitad del glaseado y extiende el resto encima. Adorne con mitades de nueces.

Tarta navideña del microondas

Rinde un pastel de 23 cm / 9

150 g / 5 oz / 2/3 taza de mantequilla o margarina, ablandada

150 g / 5 oz / 2/3 taza de azúcar moreno blando

3 huevos

30 ml / 2 cucharadas de melaza negra (melaza)

225 g / 8 oz / 2 tazas de harina con levadura (con levadura)

10 ml / 2 cucharaditas de pimienta molida (tarta de manzana)

2,5 ml / ½ cucharadita de nuez moscada rallada

2,5 ml / ½ cucharadita de bicarbonato de sodio (bicarbonato de sodio)

450 g / 1 lb / 22/3 tazas de frutos secos mixtos (mezcla para pastel de frutas)

50 g / 2 oz / ¼ taza de cerezas glaseadas (confitadas)

50 g / 2 oz / 1/3 taza de cáscara mixta picada

50 g / 2 oz / ½ taza de nueces mixtas picadas

30 ml / 2 cucharadas de brandy

Brandy adicional para envejecer el pastel (opcional)

Batir la mantequilla o margarina y el azúcar hasta que esté suave y esponjosa. Incorpora poco a poco los huevos y la melaza, luego agrega la harina, la pimienta y el bicarbonato de sodio. Agrega suavemente la fruta, la piel y las nueces, luego agrega el brandy. Transfiera a un plato apto para microondas de 23 cm / 9 cucharadas y cocine en el microondas durante 45-60 minutos. Deje enfriar en la sartén durante 15 minutos antes de transferirlo a una rejilla para terminar de enfriar.

Envuelva el pastel enfriado en papel de aluminio y guárdelo en un lugar fresco y oscuro durante 2 semanas. Si lo deseas, perfora la parte superior del bizcocho varias veces con una brocheta fina y espolvorea con un poco de brandy, luego envuelve y guarda el bizcocho. Puedes hacer esto varias veces para crear un pastel más rico.

Pastel de migas en microondas

Rinde un pastel de 20 cm / 8

300 g / 10 oz / 1 ¼ tazas de azúcar glass (muy fina)

225 g / 8 oz / 2 tazas de harina común (para todo uso)

10 ml / 2 cucharaditas de levadura en polvo

5 ml / 1 cucharadita de canela en polvo

100 g / 4 oz / ½ taza de mantequilla o margarina, ablandada

2 huevos, ligeramente batidos

100 ml / 3½ fl oz / 6½ cucharadas de leche

Mezclar el azúcar, la harina, la levadura en polvo y la canela. Agrega la mantequilla o margarina y reserva una cuarta parte de la mezcla. Batir los huevos y la leche y mezclar con la mayor parte de la mezcla del pastel. Vierte la mezcla en un recipiente apto para microondas de 20 cm/8 engrasado y enharinado y espolvorea con el pan rallado reservado. Cocine en el microondas a temperatura alta durante 10 minutos. Dejar enfriar en un plato.

Barras de dátiles para microondas

Hace 12 años

150 g / 5 oz / 1 ¼ tazas de harina con levadura

175 g / 6 oz / ¾ taza de azúcar glass (muy fina)

100 g / 4 oz / 1 taza de coco desecado (rallado)

100 g / 4 oz / 2/3 taza de dátiles deshuesados (sin hueso), picados

50 g / 2 oz / ½ taza de nueces mixtas picadas

100 g / 4 oz / ½ taza de mantequilla o margarina derretida

1 huevo, ligeramente batido

azúcar en polvo para espolvorear

Mezclar los ingredientes secos. Agrega la mantequilla o margarina y el huevo y mezcla hasta obtener una masa firme. Presione en la base de un molde cuadrado de 20 cm/8 apto para microondas y cocine en el microondas a temperatura media durante 8 minutos hasta que esté firme. Dejar en la bandeja del horno 10 minutos, cortar en barritas y colocar sobre una rejilla para que termine de enfriarse.

Pan de higos al microondas

Rinde una hogaza de 675 g / 1½ lb

100 g / 4 oz / 2 tazas de salvado

50 g / 2 oz / ¼ taza de azúcar moreno blando

45 ml / 3 cucharadas de miel pura

100 g / 4 oz / 2/3 taza de higos secos, picados

50 g / 2 oz / ½ taza de avellanas picadas

300 ml / ½ pt / 1¼ tazas de leche

100 g / 4 oz / 1 taza de harina integral (integral)

10 ml / 2 cucharaditas de levadura en polvo

un poco de sal

Mezclar todos los ingredientes hasta que se forme una masa firme. Forme un molde para pan apto para microondas y nivele la superficie. Cocine a fuego alto durante 7 minutos. Deje enfriar en el molde durante 10 minutos, luego colóquelo en el horno para que se enfríe.

Tapas de microondas

hace 24 años

175 g / 6 oz / ¾ taza de mantequilla o margarina, ablandada

50 g / 2 oz / ¼ taza de azúcar glass (muy fina)

50 g / 2 oz / ¼ taza de azúcar moreno blando

90 ml / 6 cucharadas de almíbar dorado (maíz claro)

un poco de sal

275 g / 10 oz / 2 ½ tazas de copos de avena

Combine la mantequilla o margarina y el azúcar en un tazón grande y cocine a fuego alto durante 1 minuto. Agrega los ingredientes restantes y mezcla bien. Vierte la mezcla en un plato apto para microondas de 18 cm / 7 cm engrasado y presiona ligeramente. Cocine a fuego alto durante 5 minutos. Dejar enfriar un poco y cortar en cuadritos.

Pastel de frutas del microondas

Rinde un pastel de 18 cm / 7

175 g / 6 oz / ¾ taza de mantequilla o margarina, ablandada

175 g / 6 oz / ¾ taza de azúcar glass (muy fina)

Ralladura de 1 limón

3 huevos batidos

225 g / 8 oz / 2 tazas de harina común (para todo uso)

5 ml / 1 cucharadita de pimienta molida (tarta de manzana)

225 g / 8 oz / 11/3 tazas de pasas

225 g / 8 oz / 11/3 tazas de pasas (pasas doradas)

50 g / 2 oz / ¼ taza de cerezas glaseadas (confitadas)

50 g / 2 oz / ½ taza de nueces mixtas picadas

15 ml / 1 cucharada de almíbar dorado (maíz claro)

45 ml / 3 cucharadas de brandy

Batir la mantequilla o margarina y el azúcar hasta que esté suave y esponjosa. Agrega la ralladura de limón y bate lentamente los huevos. Agregue la harina y las especias, luego agregue los ingredientes restantes. Vierta en un recipiente redondo para microondas de 18 cm / 7 cm engrasado y forrado y cocine en el microondas a temperatura baja durante 35 minutos hasta que al insertar una brocheta en el centro, éste salga limpio. Deje enfriar en el molde durante 10 minutos, luego colóquelo en el horno para que se enfríe.

Cuadritos de fruta y coco para el microondas

hace 8

50 g / 2 oz / ¼ taza de mantequilla o margarina

9 galletas digestivas (galletas Graham), trituradas

50 g / 2 oz / ½ taza de coco rallado (rallado)

100 g / 4 oz / 2/3 taza de cáscara mixta picada (confitada)

50 g / 2 oz / 1/3 taza de dátiles sin hueso, picados

15 ml / 1 cucharada de harina común (para todo uso)

25 g / 1 oz / 2 cucharadas de cerezas glaseadas (confitadas), picadas

100 g / 4 oz / 1 taza de nueces picadas

150 ml / ¼ pt / 2/3 taza de leche condensada

Derrita la mantequilla o margarina en un plato cuadrado de 20 cm/8 en el microondas a temperatura alta durante 40 segundos. Incorpora las galletas y espárcelas uniformemente en el fondo del bol. Espolvorea con coco y luego con cáscaras mixtas. Mezclar los dátiles con la harina, las cerezas y las nueces, espolvorear por encima y cubrir con leche. Cocine en el microondas a temperatura alta durante 8 minutos. Dejar enfriar en una bandeja para horno y cortar en cuadritos.

Pastel de dulce de azúcar en microondas

Rinde un pastel de 20 cm / 8

150 g / 5 oz / 1 ¼ tazas de harina común (para todo uso)

5 ml / 1 cucharadita de levadura en polvo

Una pizca de bicarbonato de sodio (bicarbonato de sodio)

un poco de sal

300 g / 10 oz / 1 ¼ tazas de azúcar glass (muy fina)

50 g / 2 oz / ¼ taza de mantequilla o margarina, ablandada

250 ml / 8 fl oz / 1 taza de leche

Unas gotas de esencia de vainilla (extracto)

1 huevo

100 g / 4 oz / 1 taza de chocolate puro (semidulce) picado

50 g / 2 oz / ½ taza de nueces mixtas picadas

glaseado de chocolate para repostería

Mezclar la harina, el polvo para hornear, el bicarbonato de sodio y la sal. Agrega el azúcar y bate la mantequilla o margarina, la leche y la esencia de vainilla hasta que quede suave. Agrega el huevo. Calienta tres cuartos del chocolate a temperatura alta durante 2 minutos hasta que se derrita, luego agrega la mezcla del pastel hasta que esté cremoso. Agrega las nueces. Vierta la mezcla en dos moldes aptos para microondas de 20 cm/8 engrasados y enharinados y cocine en el microondas cada uno por separado durante 8 minutos. Retirar del horno, cubrir con papel de aluminio y dejar enfriar durante 10 minutos, luego colocar en el horno para que se enfríe. Sándwich con la mitad del frosting de mantequilla (glaseado), unta con el glaseado restante y decora con el chocolate reservado.

Pan de miel al microondas

Rinde un pastel de 20 cm / 8

50 g / 2 oz / ¼ taza de mantequilla o margarina

75 g / 3 oz / ¼ taza de melaza oscura (melaza)

15 ml / 1 cucharada de azúcar granulada (muy fina)

100 g / 4 oz / 1 taza de harina común (para todo uso)

5 ml / 1 cucharadita de jengibre en polvo

2,5 ml / ½ cucharadita de pimienta molida (tarta de manzana)

2,5 ml / ½ cucharadita de bicarbonato de sodio (bicarbonato de sodio)

1 huevo batido

Coloque la mantequilla o margarina en un bol y cocine en el microondas durante 30 segundos. Agregue la melaza y el azúcar y cocine en el microondas a temperatura alta durante 1 minuto. Mezcla la harina, la pimienta y el bicarbonato de sodio. Agrega el huevo. Coloque la mezcla en un recipiente engrasado de 1,5 litros / 2½ pinta / 6 tazas y cocínelo en el microondas durante 4 minutos. Deje enfriar en el molde durante 5 minutos, luego colóquelo sobre una rejilla para terminar de enfriar.

palitos de pan de jengibre aptos para el microondas

Hace 12 años

Para el pastel:

150 g / 5 oz / 2/3 taza de mantequilla o margarina, ablandada

50 g / 2 oz / ¼ taza de azúcar glass (muy fina)

100 g / 4 oz / 1 taza de harina común (para todo uso)

2,5 ml / ½ cucharadita de levadura en polvo

5 ml / 1 cucharadita de jengibre en polvo

En el techo:

15 g / ½ onza / 1 cucharada de mantequilla o margarina

15 ml / 1 cucharada de almíbar dorado (maíz claro)

Unas gotas de esencia de vainilla (extracto)

5 ml / 1 cucharadita de jengibre en polvo

50 g / 2 oz / 1/3 taza de azúcar glass (caramelo)

Para hacer el bizcocho, bate la mantequilla o margarina con el azúcar hasta que esté suave y esponjoso. Agrega la harina, el polvo para hornear y el jengibre y mezcla hasta tener una masa suave. Presione en moldes cuadrados de 20 cm / 8 aptos para microondas y cocine en el microondas a temperatura media durante 6 minutos hasta que esté firme.

Para preparar el glaseado, derrita la mantequilla o margarina y el almíbar. Agrega la esencia de vainilla, el jengibre y el azúcar glass y bate hasta que espese. Distribuya uniformemente sobre el pastel tibio. Dejar enfriar en un plato y cortar en cubos o cuadritos.

Pastel dorado del microondas

Rinde un pastel de 20 cm / 8

Para el pastel:

100 g / 4 oz / ½ taza de mantequilla o margarina, ablandada

100 g / 4 oz / ½ taza de azúcar glass (muy fina)

2 huevos, ligeramente batidos

Unas gotas de esencia de vainilla (extracto)

225 g / 8 oz / 2 tazas de harina común (para todo uso)

10 ml / 2 cucharaditas de levadura en polvo

un poco de sal

60 ml / 4 cucharadas de leche

Para la cobertura (glaseado):

50 g / 2 oz / ¼ taza de mantequilla o margarina, ablandada

100 g / 4 oz / 2/3 taza de azúcar glass (caramelo)

Unas gotas de esencia de vainilla (extracto) (opcional)

Para hacer el bizcocho, bate la mantequilla o margarina con el azúcar hasta que esté suave y esponjoso. Batir poco a poco los huevos, luego añadir la harina, la levadura y la sal. Agregue suficiente leche para obtener una consistencia suave y líquida. Vierta en dos moldes aptos para microondas de 20 cm/8 engrasados y enharinados y hornee cada pastel por separado a temperatura alta durante 6 minutos. Retirar del horno, cubrir con papel de aluminio y dejar enfriar durante 5 minutos, luego colocar en el horno para que se enfríe.

Para hacer el glaseado, bate la mantequilla o la margarina hasta que quede esponjosa, luego agrega azúcar en polvo y esencia de vainilla según sea necesario. Cubre los bizcochos con la mitad del glaseado y extiende el resto encima.

Tarta de miel y avellanas para microondas

Rinde un pastel de 18 cm / 7

150 g / 5 oz / 2/3 taza de mantequilla o margarina, ablandada

100 g / 4 oz / ½ taza de azúcar moreno blando

45 ml / 3 cucharadas de miel pura

3 huevos batidos

225 g / 8 oz / 2 tazas de harina con levadura (con levadura)

100 g / 4 oz / 1 taza de avellanas molidas

45 ml / 3 cucharadas de leche

Glaseado de mantequilla

Batir la mantequilla o margarina, el azúcar y la miel hasta que esté suave y esponjosa. Incorpora poco a poco los huevos, luego agrega la harina, las avellanas y suficiente leche para lograr una consistencia suave. Vierta en un recipiente apto para microondas de 18 cm/7 y cocine a temperatura media durante 7 minutos. Deje enfriar en el molde durante 5 minutos, luego colóquelo sobre una rejilla para terminar de enfriar. Corta el bizcocho por la mitad de forma horizontal y luego cúbrelo con la crema de mantequilla (glaseado).

Barritas masticables de muesli para el microondas

Rinde alrededor de 10

100 g / 4 oz / ½ taza de mantequilla o margarina

175 g / 6 oz / ½ taza de miel pura

50 g / 2 oz / 1/3 taza de orejones ya preparados, picados

50 g / 2 oz / 1/3 taza de dátiles sin hueso, picados

75 g / 3 oz / ¾ taza de nueces mixtas picadas

100 g / 4 oz / 1 taza de copos de avena

100 g / 4 oz / ½ taza de azúcar moreno blando

1 huevo batido

25 g / 1 oz / 2 cucharadas de harina con levadura (con levadura)

Coloque la mantequilla o margarina y la miel en un bol y cocine a temperatura alta durante 2 minutos. Mezclar todos los ingredientes restantes. Vierte en un plato apto para microondas de 20 cm/8 y 8 minutos a temperatura alta. Dejar enfriar un poco y cortar en cuadritos o rodajas.

Pastel de nueces del microondas

Rinde un pastel de 20 cm / 8

150 g / 5 oz / 1 ¼ tazas de harina común (para todo uso)

un poco de sal

5 ml / 1 cucharadita de canela en polvo

75 g / 3 oz / 1/3 taza de azúcar moreno suave

75 g / 3 oz / 1/3 taza de azúcar glass (muy fina)

75 ml / 5 cucharadas de aceite

25 g / 1 oz / ¼ taza de nueces picadas

5 ml / 1 cucharadita de levadura en polvo

2,5 ml / ½ cucharadita de bicarbonato de sodio (bicarbonato de sodio)

1 huevo

150 ml / ¼ pt / 2/3 taza de leche agria

Mezclar la harina, la sal y la mitad de la canela. Agregue los azúcares y luego agregue el aceite hasta que estén bien combinados. Saque 90 ml / 6 cucharadas de la mezcla y mezcle con las nueces y el resto de la canela. Agrega polvo de hornear, bicarbonato de sodio, huevo y leche a la mayor parte de la mezcla y bate hasta que quede suave. Vierte la mezcla principal en un recipiente de 20 cm/8 apto para microondas engrasado y enharinado y espolvorea la mezcla de nueces por encima. Cocine en el microondas a temperatura alta durante 8 minutos. Dejar enfriar en un plato durante 10 minutos y servir caliente.

Pastel de jugo de naranja al microondas

Rinde un pastel de 20 cm / 8

250 g / 9 oz / 2 ¼ tazas de harina común (para todo uso)

225 g / 8 oz / 1 taza de azúcar granulada

15 ml / 1 cucharada de levadura en polvo

2,5 ml / ½ cucharadita de sal

60 ml / 4 cucharadas de aceite

250 ml / 8 fl oz / 2 tazas de jugo de naranja

2 huevos separados

100 g / 4 oz / ½ taza de azúcar glass (muy fina)

Glaseado de mantequilla de naranja

Glaseado De Naranja

Mezclar la harina, el azúcar granulada, la levadura, la sal, el aceite y la mitad del jugo de naranja y batir hasta que quede suave. Agrega las yemas de huevo y el resto del jugo de naranja hasta tener una crema ligera y esponjosa. Batir las claras hasta que estén firmes, luego agregar la mitad del azúcar glass y batir hasta que estén espesas y brillantes. Agrega el azúcar restante a la mezcla para pastel, seguido de las claras. Vierta en dos moldes aptos para microondas de 20 cm/8 engrasados y enharinados y cocine en el microondas por separado a temperatura alta durante 6-8 minutos. Retirar del horno, cubrir con papel de aluminio y dejar enfriar durante 5 minutos, luego colocar en el horno para que se enfríe. Cubra los pasteles con glaseado de mantequilla de naranja (glaseado) y extienda el glaseado de naranja encima.

pavlova de microondas

Rinde un pastel de 23 cm / 9

4 claras de huevo

225 g / 8 oz / 1 taza de azúcar glass (muy fina)

2,5 ml / ½ cucharadita de esencia de vainilla (extracto)

Unas gotas de vinagre de vino

150 ml / ¼ pt / 2/3 taza de crema espesa

1 kiwi en rodajas

100 g / 4 oz de fresas, en rodajas

Batir las claras hasta que se formen picos suaves. Espolvorea con la mitad del azúcar y bate bien. Agrega poco a poco el resto del azúcar, la esencia de vainilla y el vinagre y bate hasta que se disuelva. Vierte la mezcla en un círculo de 23 cm / 9 cm sobre un trozo de papel de horno. Cocine en el microondas a temperatura alta durante 2 minutos. Dejar reposar en el microondas con la puerta abierta durante 10 minutos. Retirar del horno, quitar el papel protector y dejar enfriar. Montar la nata a punto de nieve y esparcirla sobre los merengues. Coloque la fruta encima de forma atractiva.

pastel de microondas

Rinde un pastel de 20 cm / 8

225 g / 8 oz / 2 tazas de harina común (para todo uso)

15 ml / 1 cucharada de levadura en polvo

50 g / 2 oz / ¼ taza de azúcar glass (muy fina)

100 g / 4 oz / ½ taza de mantequilla o margarina

75 ml / 5 cucharadas de nata simple (light)

1 huevo

Batir la harina, el polvo para hornear y el azúcar, luego agregar la mantequilla o margarina hasta que la mezcla parezca pan rallado. Mezclar la nata y el huevo, luego agregar la harina hasta obtener una masa suave. Presione en un recipiente apto para microondas de 20 cm/8 engrasado y cocine en el microondas durante 6 minutos. Deja reposar 4 minutos, desmolda y deja enfriar sobre una rejilla.

Tarta de fresas del microondas

Rinde un pastel de 20 cm / 8

900 g / 2 lb de fresas, en rodajas gruesas

225 g / 8 oz / 1 taza de azúcar glass (muy fina)

225 g / 8 oz / 2 tazas de harina común (para todo uso)

15 ml / 1 cucharada de levadura en polvo

175 g / 6 oz / ¾ taza de mantequilla o margarina

75 ml / 5 cucharadas de nata simple (light)

1 huevo

150 ml / ¼ pt / 2/3 taza de crema doble (espesa), batida

Mezcla las fresas con 175 g / 6 oz / ¾ taza de azúcar y refrigera por al menos 1 hora.

Mezcle la harina, el polvo para hornear y el azúcar restante y frote con 100 g / 4 oz / ½ taza de mantequilla o margarina hasta que la mezcla parezca pan rallado. Mezclar la nata y el huevo, luego agregar la harina hasta obtener una masa suave. Presione en un recipiente apto para microondas de 20 cm/8 engrasado y cocine en el microondas durante 6 minutos. Dejar reposar 4 minutos, luego desmoldar y dividir en mitades mientras aún está caliente. Déjalo enfriar.

Cubra ambas superficies de corte con la mantequilla o margarina restante. Untar un tercio de la nata montada sobre la base y poner encima tres cuartos de las fresas. Cubrir con otro tercio de la nata y colocar encima la segunda galleta. Poner encima el resto de la nata y las fresas.

Bizcocho de microondas

Rinde un pastel de 18 cm / 7

150 g / 5 oz / 1 ¼ tazas de harina con levadura (autoleudante)

100 g / 4 oz / ½ taza de mantequilla o margarina

100 g / 4 oz / ½ taza de azúcar glass (muy fina)

2 huevos

30 ml / 2 cucharadas de leche

Mezclar todos los ingredientes hasta que quede suave. Vierta en un recipiente forrado de 18 cm/7 cm en un plato apto para microondas y cocine en el microondas a temperatura media durante 6 minutos. Deje enfriar en el molde durante 5 minutos, luego colóquelo sobre una rejilla para terminar de enfriar.

Barras de microondas Sultana

Hace 12 años

175 g / 6 oz / ¾ taza de mantequilla o margarina

100 g / 4 oz / ½ taza de azúcar glass (muy fina)

15 ml / 1 cucharada de almíbar dorado (maíz claro)

75 g / 3 oz / ½ taza de pasas (pasas doradas)

5 ml / 1 cucharadita de piel de limón rallada

225 g / 8 oz / 2 tazas de harina con levadura (con levadura)

Para la cobertura (glaseado):
175 g / 6 oz / 1 taza de azúcar glass (caramelo)

30 ml / 2 cucharadas de jugo de limón

Calienta la mantequilla o margarina, el azúcar refinada y el almíbar a fuego medio durante 2 minutos. Agregue las pasas y la ralladura de limón. Agrega la harina. Vierta en un plato apto para microondas cuadrado de 20 cm / 8 pulgadas engrasado y forrado y cocine en el microondas a temperatura media durante 8 minutos hasta que cuaje. Deja que se enfríe un poco.

Poner el azúcar glass en un bol y hacer un hueco en el medio. Agregue gradualmente el jugo de limón para obtener un glaseado suave. Extender sobre un bizcocho aún caliente y dejar enfriar por completo.

Galletas con chispas de chocolate para el microondas

hace 24 años

225 g / 8 oz / 1 taza de mantequilla o margarina, ablandada

100 g / 4 oz / ½ taza de azúcar moreno oscuro

5 ml / 1 cucharadita de esencia de vainilla (extracto)

225 g / 8 oz / 2 tazas de harina con levadura (con levadura)

50 g / 2 oz / ½ taza de chocolate para beber en polvo

Batir la mantequilla, el azúcar y la esencia de vainilla hasta que esté suave y esponjosa. Incorpora poco a poco la harina y el chocolate y bate hasta que se forme una masa suave. Forme bolitas del tamaño de una nuez, coloque seis en una bandeja para hornear engrasada (galletas) y aplánelas ligeramente con un tenedor. Cocine cada lote durante 2 minutos a temperatura alta hasta que todas las galletas estén cocidas. Dejar enfriar sobre una rejilla.

Galletas de coco para el microondas

hace 24 años

50 g / 2 oz / ¼ taza de mantequilla o margarina, ablandada

75 g / 3 oz / 1/3 taza de azúcar glass (muy fina)

1 huevo, ligeramente batido

2,5 ml / ½ cucharadita de esencia de vainilla (extracto)

75 g / 3 oz / ¾ taza de harina común (para todo uso)

25 g / 1 oz / ¼ taza de coco desecado (rallado)

un poco de sal

30 ml / 2 cucharadas de mermelada de fresa (enlatada)

Batir la mantequilla o margarina y el azúcar hasta que esté suave y esponjosa. Agregamos alternativamente el huevo y la esencia de vainilla con la harina, el coco y la sal y mezclamos hasta que se forme una masa suave. Forme bolas del tamaño de una nuez y coloque seis en una bandeja para hornear engrasada (para galletas) y presione ligeramente con un tenedor para aplanarlas ligeramente. Cocine en el microondas a temperatura alta durante 3 minutos hasta que esté firme. Transfiera a una rejilla y coloque una cucharada de mermelada en el centro de cada bollo. Repita con las galletas restantes.

Florentinas al microondas

Hace 12 años

50 g / 2 oz / ¼ taza de mantequilla o margarina

50 g / 2 oz / ¼ taza de azúcar demerara

15 ml / 1 cucharada de almíbar dorado (maíz claro)

50 g / 2 oz / ¼ taza de cerezas glaseadas (confitadas)

75 g / 3 oz / ¾ taza de nueces picadas

25 g / 1 oz / 3 cucharadas de pasas pasas (pasas doradas)

25 g / 1 oz / ¼ taza de almendras blanqueadas (en rodajas)

30 ml / 2 cucharadas de piel mixta picada (confitada)

25 g / 1 onza / ¼ taza de harina común (para todo uso)

100 g / 4 oz / 1 taza de chocolate suave (semidulce), picado (opcional)

Pon la mantequilla o margarina, el azúcar y el almíbar en el microondas durante 1 minuto hasta que se derrita. Incorpora las cerezas, las nueces, las pasas y las almendras y añade la ralladura y la harina. Deje caer cucharadas de la mezcla, bien separadas, sobre papel pergamino (encerado) y cocine de cuatro en cuatro a temperatura alta durante 1½ minutos en cada tanda. Recorta los bordes con un cuchillo, deja enfriar sobre papel durante 3 minutos y luego transfiérelo a una rejilla para terminar de enfriar. Repita con las galletas restantes. Si lo desea, derrita el chocolate en un bol durante 30 segundos y extiéndalo por un lado de los florentinos, luego déjelo reposar.

Galletas de avellanas y cerezas para microondas

hace 24 años

100 g / 4 oz / ½ taza de mantequilla o margarina, ablandada

100 g / 4 oz / ½ taza de azúcar glass (muy fina)

1 huevo batido

175 g / 6 oz / 1 ½ tazas de harina común (para todo uso)

50 g / 2 oz / ½ taza de avellanas molidas

100 g / 4 oz / ½ taza de cerezas glaseadas (confitadas)

Batir la mantequilla o margarina y el azúcar hasta que esté suave y esponjosa. Agrega lentamente el huevo, luego agrega la harina, las avellanas y las cerezas. Coloque cucharadas espaciadas uniformemente en bandejas (para galletas) aptas para microondas y cocine en el microondas ocho galletas (galletas) a la vez a temperatura alta durante aproximadamente 2 minutos hasta que estén firmes.

Galletas sultana para microondas

hace 24 años

225 g / 8 oz / 2 tazas de harina común (para todo uso)

5 ml / 1 cucharadita de pimienta molida (tarta de manzana)

175 g / 6 oz / ¾ taza de mantequilla o margarina, ablandada

100 g / 4 oz / 2/3 taza de pasas (pasas doradas)

175 g / 6 oz / ¾ taza de azúcar demerara

Agregue la harina y las especias mixtas, luego agregue la mantequilla o margarina, las pasas y 100 g / 4 oz / ½ taza de azúcar para hacer una masa suave. Enrollar en dos moldes para salchichas de unos 18 cm / 7 cm de largo y espolvorear con el azúcar restante. Cortar en medias lunas y colocar seis en una bandeja engrasada y llevar al microondas durante 2 minutos. Dejar enfriar sobre una rejilla y repetir con las galletas restantes.

Pan de plátano para microondas

Rinde una hogaza de 450 g/1 libra

75 g / 3 oz / 1/3 taza de mantequilla o margarina, ablandada

175 g / 6 oz / ¾ taza de azúcar glass (muy fina)

2 huevos, ligeramente batidos

200 g / 7 oz / 1¾ tazas de harina común (para todo uso)

10 ml / 2 cucharaditas de levadura en polvo

2,5 ml / ½ cucharadita de bicarbonato de sodio (bicarbonato de sodio)

un poco de sal

2 plátanos maduros

15 ml / 1 cucharada de jugo de limón

60 ml / 4 cucharadas de leche

50 g / 2 oz / ½ taza de nueces picadas

Batir la mantequilla o margarina y el azúcar hasta que esté suave y esponjosa. Batir poco a poco los huevos, luego añadir la harina, la levadura en polvo, el bicarbonato y la sal. Tritura los plátanos con jugo de limón y mezcla con leche y nueces. Transfiera a un molde para pan (molde) de 450 g / 1 libra engrasado y enharinado y cocine en el microondas a temperatura alta durante 12 minutos. Retirar del horno, cubrir con papel de aluminio y dejar enfriar durante 10 minutos, luego colocar en el horno para que se enfríe.

Pan de queso para el microondas.

Rinde una hogaza de 450 g/1 libra

50 g / 2 oz / ¼ taza de mantequilla o margarina

250 ml / 8 fl oz / 1 taza de leche

2 huevos, ligeramente batidos

225 g / 8 oz / 2 tazas de harina común (para todo uso)

10 ml / 2 cucharaditas de levadura en polvo

10 ml / 2 cucharaditas de mostaza en polvo

2,5 ml / ½ cucharadita de sal

175 g / 6 oz / 1 ½ tazas de queso cheddar, rallado

Derrita la mantequilla o margarina en un tazón pequeño durante 1 minuto. Agrega la leche y los huevos. Mezclar la harina, el polvo para hornear, la mostaza, la sal y 100 g / 4 oz / 1 taza de queso. Revuelva la mezcla de leche hasta que quede suave. Transfiera a un molde para pastel inglés (molde) y cocine en el microondas durante 9 minutos. Espolvorea con el queso restante, cubre con papel aluminio y deja reposar por 20 minutos.

Pan de nueces para el microondas.

Rinde una hogaza de 450 g/1 libra

225 g / 8 oz / 2 tazas de harina común (para todo uso)

300 g / 10 oz / 1 ¼ tazas de azúcar glass (muy fina)

5 ml / 1 cucharadita de levadura en polvo

un poco de sal

100 g / 4 oz / ½ taza de mantequilla o margarina, ablandada

150 ml / ¼ pt / 2/3 taza de leche

2,5 ml / ½ cucharadita de esencia de vainilla (extracto)

4 claras de huevo

50 g / 2 oz / ½ taza de nueces picadas

Mezclar la harina, el azúcar, la levadura y la sal. Agrega la mantequilla o margarina, luego la leche y la esencia de vainilla. Agrega la nieve de las claras y agrega las nueces. Transfiera a un molde para pan (molde) de 450 g / 1 libra engrasado y enharinado y cocine en el microondas a temperatura alta durante 12 minutos. Retirar del horno, cubrir con papel de aluminio y dejar enfriar durante 10 minutos, luego colocar en el horno para que se enfríe.

Pastel de Amaretti sin hornear

Rinde un pastel de 20 cm / 8

100 g / 4 oz / ½ taza de mantequilla o margarina

175 g / 6 oz / 1 ½ tazas de chocolate suave (semidulce)

Galletas Amaretti 75 g / 3 oz (galletas), trituradas gruesas

175 g / 6 oz / 1 ½ tazas de nueces picadas

50 g / 2 oz / ½ taza de piñones

75 g / 3 oz / 1/3 taza de cerezas glaseadas (confitadas), picadas

30 ml / 2 cucharadas de Grand Marnier

225 g / 8 oz / 1 taza de queso mascarpone

Derrita la mantequilla o margarina y el chocolate en un recipiente resistente al calor colocado sobre una olla con agua hirviendo. Retirar del fuego y agregar las galletas, las nueces y las cerezas. Vierta en un molde para sándwich (panadero) forrado con film alimentario (film plástico) y presione suavemente. Meter en el frigorífico durante 1 hora hasta que endurezca. Transfiera a un plato para servir y retire la envoltura de plástico. Batir el Grand Marnier con el Mascarpone y colocarlo en la base.

Palitos de arroz crujientes americanos

Rinde alrededor de 24 barras

50 g / 2 oz / ¼ taza de mantequilla o margarina

225 g de malvaviscos blancos

5 ml / 1 cucharadita de esencia de vainilla (extracto)

150 g / 5 oz / 5 tazas de cereal de arroz inflado

Derrita la mantequilla o margarina en una sartén grande a fuego lento. Agregue los malvaviscos y cocine, revolviendo, hasta que los malvaviscos se derritan y la mezcla esté almibarada. Retirar del fuego y agregar esencia de vainilla. Revuelve el cereal de arroz hasta que esté cubierto uniformemente. Presione en un molde cuadrado de 23 cm/9 (pan) y córtelo en barras. Déjalo endurecer.

cuadrados de damasco

Hace 12 años

50 g / 2 oz / ¼ taza de mantequilla o margarina

175 g / 6 oz / 1 lata pequeña de leche evaporada

15 ml / 1 cucharada de miel pura

45 ml / 3 cucharadas de jugo de manzana

50 g / 2 oz / ¼ taza de azúcar moreno blando

50 g / 2 oz / 1/3 taza de pasas (pasas doradas)

225 g / 8 oz / 11/3 tazas de orejones enlatados, picados

100 g / 4 oz / 1 taza de coco desecado (rallado)

225 g / 8 oz / 2 tazas de copos de avena

Derretir mantequilla o margarina con leche, miel, jugo de manzana y azúcar. Agrega el resto de los ingredientes. Antes de cortar en cuadritos, presionar en un molde engrasado de 25 cm / 12 cm de diámetro y dejar enfriar.

Pastel de damasco suizo

Rinde un pastel de 23 cm / 9

400 g / 14 oz / 1 lata grande en mitades de albaricoque, escurrido y reservado el jugo

50 g / 2 oz / ½ taza de crema en polvo

75 g / 3 oz / ¼ taza de mermelada de albaricoque (clara enlatada)

75 g / 3 oz / ½ taza de orejones listos para comer, picados

400 g / 14 oz / 1 lata grande de leche condensada

225 g / 8 oz / 1 taza de requesón

45 ml / 3 cucharadas de jugo de limón

1 panecillo suizo, rebanado

Prepare jugo de albaricoque con agua hasta 500 ml / 17 fl oz / 2 ¼ tazas. Mezclar la nata en polvo con un poco de líquido hasta formar una pasta y llevar a ebullición el resto. Agregue la pasta de natillas y la mermelada de albaricoque y cocine, revolviendo constantemente, hasta que espese y esté brillante. Triture los albaricoques enlatados y agréguelos a la mezcla con los orejones. Deje enfriar mientras revuelve ocasionalmente.

Batir la leche condensada, el requesón y el jugo de limón hasta que estén bien mezclados y agregar a la gelatina. Forrar un molde para pasteles de 23 cm / 9 cm de diámetro con papel film (film plástico) y colocar rodajas de panecillo suizo (gelatina) en el fondo y los lados del molde. Agregue la mezcla para pastel y refrigere hasta que cuaje. Cuando esté listo para servir, desenvuélvelo con cuidado.

galletas rotas

Hace 12 años

100 g / 4 oz / ½ taza de mantequilla o margarina

30 ml / 2 cucharadas de azúcar granulada (muy fina)

15 ml / 1 cucharada de almíbar dorado (maíz claro)

30 ml / 2 cucharadas de cacao en polvo (chocolate sin azúcar).

225 g / 8 oz / 2 tazas de galletas (biscuit)

50 g / 2 oz / 1/3 taza de pasas (pasas doradas)

Derretir la mantequilla o margarina con el azúcar y el almíbar sin dejar que hierva. Agrega el cacao, las galletas y las pasas. Pasar a un molde engrasado de 25 cm / 10 cm engrasado, dejar enfriar y endurecer en el frigorífico. Cortar en cuadrados.

Pastel de suero de leche sin hornear

Rinde un pastel de 23 cm / 9

30 ml / 2 cucharadas de crema en polvo

100 g / 4 oz / ½ taza de azúcar glass (muy fina)

450 ml / ¾ pt / 2 tazas de leche

175 ml de suero de leche / 6 onzas líquidas / ¾ taza de suero de leche

25 g / 1 oz / 2 cucharadas de mantequilla o margarina

400 g / 12 oz de galletas de mantequilla (cookies), trituradas

120 ml / 4 fl oz / ½ taza de crema espesa

Batir la nata en polvo y el azúcar hasta formar una pasta con un poco de leche. Llevar a ebullición la leche restante. Agrega la pasta, regresa toda la mezcla a la sartén y cocina a fuego lento durante unos 5 minutos hasta que espese. Agregue suero de leche y mantequilla o margarina. Extender las capas de mezcla de galletas trituradas y nata en un molde para tartas (molde para horno) de 23 cm/9, forrado con film plástico (plástico) o en un bol de cristal. Presione suavemente y refrigere hasta que cuaje. Batir la nata hasta que esté firme y luego esparcir las rosas de nata sobre el bizcocho con una cuchara. Sirva desde un plato o levántelo con cuidado para servir.

rodaja de castaña

Rinde un pan de 900 g / 2 lb

225 g / 8 oz / 2 tazas de chocolate suave (semidulce)

100 g / 4 oz / ½ taza de mantequilla o margarina, ablandada

100 g / 4 oz / ½ taza de azúcar glass (muy fina)

450 g / 1 lb / 1 lata grande de puré de castañas sin azúcar

25 g / 1 oz / ¼ taza de harina de arroz

Unas gotas de esencia de vainilla (extracto)

150 ml / ¼ pt / 2/3 taza de nata montada, nata montada

chocolate rallado para decorar

Derrita el chocolate puro en un recipiente resistente al calor sobre una cacerola con agua hirviendo. Batir la mantequilla o margarina y el azúcar hasta que esté suave y esponjosa. Agrega el puré de castañas, el chocolate, la harina de arroz y la esencia de vainilla. Colóquelo en un molde para pan (molde para hornear) de 900 g / 2 lb engrasado y forrado y enfríe hasta que esté firme. Antes de servir decorar con nata montada y chocolate rallado.

Bizcocho de castañas

Rinde un pastel de 900 g / 2 lb

Para el pastel:

400 g / 14 oz / 1 lata grande de puré de castañas endulzado

100 g / 4 oz / ½ taza de mantequilla o margarina, ablandada

1 huevo

Unas gotas de esencia de vainilla (extracto)

30 ml / 2 cucharadas de brandy

24 bizcochos (galletas)

Para el glaseado:

30 ml / 2 cucharadas de cacao en polvo (chocolate sin azúcar).

15 ml / 1 cucharada de azúcar granulada (muy fina)

30 ml / 2 cucharadas de agua

Para la crema de mantequilla:

100 g / 4 oz / ½ taza de mantequilla o margarina, ablandada

100 g / 4 oz / 2/3 taza de azúcar en polvo (de repostería), tamizada

15 ml / 1 cucharada de esencia de café (extracto)

Batir sobre el bizcocho el puré de castañas, la mantequilla o margarina, el huevo, la esencia de vainilla y 15 ml/1 cucharada de brandy y batir hasta que quede suave. Engrase y forre un molde para pasteles (molde para hornear) de 900 g / 2 lb y forre el fondo y los lados con bizcocho. Rocía el brandy restante sobre las galletas y coloca la mezcla de castañas en el centro. Deje enfriar hasta que esté sólido.

Retirar de la bandeja para hornear y quitar el papel de aluminio. Disuelva los ingredientes para el glaseado en un recipiente resistente al calor en una cacerola con agua hirviendo y mezcle hasta que quede suave. Deje que se enfríe un poco y extienda la mayor parte del glaseado sobre el pastel. Batir los ingredientes para la crema de mantequilla hasta que quede suave, luego trabajar alrededor del borde del pastel con movimientos circulares. Rocíe con el glaseado reservado para terminar.

Barras de chocolate y almendras

Hace 12 años

175 g / 6 oz / 1 ½ tazas de chocolate suave (semidulce), picado

3 huevos, separados

120 ml / 4 fl oz / ½ taza de leche

10 ml / 2 cucharaditas de gelatina en polvo

120 ml / 4 fl oz / ½ taza de crema doble (espesa)

45 ml / 3 cucharadas de azúcar granulada (muy fina)

60 ml / 4 cucharadas de almendras peladas (en hojuelas), tostadas

Derrita el chocolate en un recipiente resistente al calor sobre una cacerola con agua hirviendo. Retirar del fuego y agregar las yemas de huevo. En una cacerola aparte, hierve la leche y agrega la gelatina. Agrega la mezcla de chocolate y agrega la crema. Batir las claras a punto de nieve, luego añadir el azúcar y volver a batir hasta que estén firmes y brillantes. Agrega la mezcla. Vierta en un molde para hornear de 450 g / 1 libra engrasado y forrado, espolvoree con almendras tostadas y deje enfriar, luego refrigere durante al menos 3 horas para que cuaje. Voltear y cortar en rodajas gruesas para servir.

Pastel de chocolate fresco

Rinde una hogaza de 450 g/1 libra

150 g / 5 oz / 2/3 taza de mantequilla o margarina
30 ml / 2 cucharadas de almíbar dorado (maíz light)

175 g / 6 oz / 1 ½ tazas de galletas digestivas (galletas Graham)

50 g / 2 oz / 2 tazas de cereal de arroz inflado

25 g / 1 oz / 3 cucharadas de pasas pasas (pasas doradas)

25 g / 1 oz / 2 cucharadas de cerezas glaseadas (confitadas), picadas

225 g / 8 oz / 2 tazas de chispas de chocolate

30 ml / 2 cucharadas de agua

175 g / 6 oz / 1 taza de azúcar en polvo (de repostería), tamizada

Derretir 100g de mantequilla o margarina con el almíbar, retirar del fuego y añadir las galletas, los cereales, las pasas, las cerezas y las tres cuartas partes de las chispas de chocolate. Vierta en un molde para hornear de 450 g / 1 libra engrasado y forrado y alise la superficie. Deje enfriar hasta que esté sólido. Derrita la mantequilla o margarina restante con el chocolate restante y el agua. Agregue el azúcar en polvo y mezcle hasta que quede suave. Saca el bizcocho del molde y córtalo por la mitad a lo largo. Sándwich con la mitad del glaseado de chocolate (glaseado), colóquelo en un plato para servir y cubra con el glaseado restante. Dejar enfriar antes de servir.

Cuadrados de chocolate

Rinde alrededor de 24

225 g de galletas digestivas (galletas integrales)

100 g / 4 oz / ½ taza de mantequilla o margarina

25 g / 1 oz / 2 cucharadas de azúcar glass (muy fina)

15 ml / 1 cucharada de almíbar dorado (maíz claro)

45 ml / 3 cucharadas de cacao en polvo (chocolate sin azúcar).

200 g / 7 oz / 1¾ tazas de glaseado de pastel de chocolate

Coloca las galletas en una bolsa de plástico y aplana con un rodillo. Derrita la mantequilla o margarina en una sartén y agregue el azúcar y el almíbar. Retirar del fuego y agregar las galletas y el cacao. Vierta en un molde para pasteles cuadrado de 18 cm / 7 cm engrasado y forrado y presione uniformemente. Déjalo enfriar y ponlo en el frigorífico para que endurezca.

Derrita el chocolate en un recipiente resistente al calor sobre una cacerola con agua hirviendo. Unte sobre la galleta y trace las líneas con un tenedor mientras ajusta. Cuando esté firme cortar en cuadritos.

Pastel helado de chocolate

Rinde un pastel de 450 g / 1 libra

100 g / 4 oz / ½ taza de azúcar moreno blando

100 g / 4 oz / ½ taza de mantequilla o margarina

50 g / 2 oz / ½ taza de chocolate para beber en polvo

25 g / 1 oz / ¼ taza de cacao (chocolate sin azúcar) en polvo

30 ml / 2 cucharadas de almíbar dorado (maíz light)

150 g (5 oz) de galletas digestivas (galletas integrales) o ricas galletas de té

50 g / 2 oz / ¼ taza de mezcla de cerezas glaseadas (confitadas) o nueces y pasas

100 g / 4 oz / 1 taza de chocolate con leche

Poner en una sartén azúcar, mantequilla o margarina, beber chocolate, cacao y almíbar y calentar suavemente hasta que la mantequilla se derrita, mezclar bien. Retirar del fuego y desmenuzar las galletas. Agregue las cerezas o nueces y las pasas y colóquelas en una lata de 450 g / 1 libra. Dejar enfriar en el frigorífico.

Derrita el chocolate en un recipiente resistente al calor sobre una cacerola con agua hirviendo. Extiéndela sobre el bizcocho enfriado y córtala cuando esté firme.

Tarta de chocolate y frutas

Rinde un pastel de 18 cm / 7

100 g / 4 oz / ½ taza de mantequilla o margarina derretida

100 g / 4 oz / ½ taza de azúcar moreno blando

225 g / 8 oz / 2 tazas de galletas digestivas (galletas Graham)

50 g / 2 oz / 1/3 taza de pasas (pasas doradas)

45 ml / 3 cucharadas de cacao en polvo (chocolate sin azúcar).

1 huevo batido

Unas gotas de esencia de vainilla (extracto)

Mezclar la mantequilla o margarina y el azúcar, añadir el resto de los ingredientes y batir bien. Transfiera a un molde para sándwich (bandeja para hornear) de 18 cm / 7 engrasado y alise la superficie. Colocar en el frigorífico hasta que cuaje.

Cuadritos de chocolate y jengibre

hace 24 años

100 g / 4 oz / ½ taza de mantequilla o margarina

100 g / 4 oz / ½ taza de azúcar moreno blando

30 ml / 2 cucharadas de cacao en polvo (chocolate sin azúcar).

1 huevo, ligeramente batido

225 g / 8 oz / 2 tazas de migas de galleta de jengibre

15 ml / 1 cucharada de jengibre cristalizado (confitado), picado

Derretir la mantequilla o margarina y agregar el azúcar y el cacao hasta que estén bien combinados. Incorpora el huevo, las galletas y el jengibre. Presione en un panecillo suizo (molde de gelatina) y póngalo en el refrigerador para que se endurezca. Cortar en cuadrados.

Cuadrados de lujo de chocolate y jengibre

hace 24 años

100 g / 4 oz / ½ taza de mantequilla o margarina

100 g / 4 oz / ½ taza de azúcar moreno blando

30 ml / 2 cucharadas de cacao en polvo (chocolate sin azúcar).

1 huevo, ligeramente batido

225 g / 8 oz / 2 tazas de migas de galleta de jengibre

15 ml / 1 cucharada de jengibre cristalizado (confitado), picado

100 g / 4 oz / 1 taza de chocolate liso (semidulce)

Derretir la mantequilla o margarina y agregar el azúcar y el cacao hasta que estén bien combinados. Incorpora el huevo, las galletas y el jengibre. Presione en un panecillo suizo (molde de gelatina) y póngalo en el refrigerador para que se endurezca.

Derrita el chocolate en un recipiente resistente al calor sobre una cacerola con agua hirviendo. Untarlo sobre el bizcocho y dejar endurecer. Cortar en cuadritos cuando el chocolate esté casi duro.

Galletas de chocolate con miel

Hace 12 años

225 g / 8 oz / 1 taza de mantequilla o margarina

30 ml / 2 cucharadas de miel pura

90 ml / 6 cucharadas de algarroba o cacao (chocolate sin azúcar) en polvo

225 g / 8 oz / 2 tazas de galleta dulce (galleta)

Derrita la mantequilla o margarina, la miel y la algarroba o el cacao en polvo en una cacerola hasta que estén bien mezclados. Agrega las galletas. Pasar a un molde cuadrado de 20 cm/8 untado con una cuchara, dejar enfriar y cortar en cuadritos.

Pastel de chocolate

Rinde un pastel de 450 g / 1 libra

300 ml / ½ punto / 1¼ tazas de crema doble (espesa)

225 g / 8 oz / 2 tazas de chocolate suave (semidulce), partido en pedazos

5 ml / 1 cucharadita de esencia de vainilla (extracto)

20 galletas normales

Calentar la nata en una cacerola a fuego lento hasta que casi hierva. Retirar del fuego y agregar el chocolate, revolver, tapar y dejar actuar 5 minutos. Agrega la esencia de vainilla y mezcla bien, luego deja enfriar hasta que la mezcla comience a espesarse.

Forre un molde para hornear de 450 g / 1 libra con film transparente (film plástico). Unta una capa de chocolate en el fondo y coloca unas galletas encima. Unta el chocolate y las galletas hasta que se acaben. Terminar con una capa de chocolate. Cubrir con film transparente y refrigerar durante al menos 3 horas. Desenvuelve el bizcocho y retira el film transparente.

buenas barras de chocolate

Hace 12 años

100 g / 4 oz / ½ taza de mantequilla o margarina

30 ml / 2 cucharadas de almíbar dorado (maíz light)

30 ml / 2 cucharadas de cacao en polvo (chocolate sin azúcar).

Paquete 225 g / 8 oz / 1 galleta o galletas regulares, trituradas gruesas

100 g / 4 oz / 1 taza de chocolate suave (semidulce), picado

Derretir la mantequilla o margarina y el almíbar, retirar del fuego y añadir el cacao y las galletas trituradas. Extienda la mezcla en un molde (sartén) cuadrado de 23 cm/9 y nivele la superficie. Derretir el chocolate en un recipiente resistente al calor sobre una cacerola con agua hirviendo y esparcirlo encima. Dejar enfriar un poco, cortar en palitos o cuadritos y meter en el frigorífico para que endurezca.

Cuadritos de praliné de chocolate

Hace 12 años

100 g / 4 oz / ½ taza de mantequilla o margarina

30 ml / 2 cucharadas de azúcar granulada (muy fina)

15 ml / 1 cucharada de almíbar dorado (maíz claro)

15 ml / 1 cucharada de chocolate en polvo para beber

225 g de galletas digestivas (galletas integrales), trituradas

200 g / 7 oz / 1¾ tazas de chocolate suave (semidulce)

100 g / 4 oz / 1 taza de nueces mixtas picadas

Derretir en una sartén la mantequilla o margarina, el azúcar, el almíbar y el chocolate para beber. Llevar a ebullición y cocinar durante 40 segundos. Retirar del fuego y agregar las galletas y las nueces. Presione en un molde para pastel engrasado (28 x 18 cm / 11 x 7) (bandeja para hornear). Derrita el chocolate en un recipiente resistente al calor sobre una cacerola con agua hirviendo. Unte sobre las galletas y déjelas enfriar, luego refrigere por 2 horas antes de cortarlas en cuadritos.

patatas fritas de coco

Hace 12 años

100 g / 4 oz / 1 taza de chocolate liso (semidulce)

30 ml / 2 cucharadas de leche

30 ml / 2 cucharadas de almíbar dorado (maíz light)

100 g / 4 oz / 4 tazas de cereal de arroz inflado

50 g / 2 oz / ½ taza de coco rallado (rallado)

Derretir el chocolate, la leche y el almíbar en una cacerola. Retirar del fuego y agregar el cereal y el coco. Vierte en moldes de papel para tartas (papel para cupcakes) y deja endurecer.

barras crujientes

Hace 12 años

175 g / 6 oz / ¾ taza de mantequilla o margarina

50 g / 2 oz / ¼ taza de azúcar moreno blando

30 ml / 2 cucharadas de almíbar dorado (maíz light)

45 ml / 3 cucharadas de cacao en polvo (chocolate sin azúcar).

75 g / 3 oz / ½ taza de pasas o sultanas (pasas doradas)

350 g / 12 oz / 3 tazas de Cereal de Avena Crujiente

225 g / 8 oz / 2 tazas de chocolate suave (semidulce)

Derretir mantequilla o margarina con azúcar, almíbar y cacao. Agregue las pasas o pasas y el cereal. Presione la mezcla en un molde para pasteles engrasado de 25 cm / 12 cm. Derrita el chocolate en un recipiente resistente al calor sobre una cacerola con agua hirviendo. Dividir en barras y dejar enfriar, luego refrigerar antes de cortar en barras.

Chips de coco y pasas

Hace 12 años

100 g / 4 oz / 1 taza de chocolate blanco

30 ml / 2 cucharadas de leche

30 ml / 2 cucharadas de almíbar dorado (maíz light)

175 g / 6 oz / 6 tazas de cereal de arroz inflado

50 g / 2 oz / 1/3 taza de pasas

Derretir el chocolate, la leche y el almíbar en una cacerola. Retire del fuego y agregue el cereal y las pasas. Vierte en moldes de papel para tartas (papel para cupcakes) y deja endurecer.

Cuadritos de cafe con leche

hace 20 años

25 g / 1 oz / 2 cucharadas de gelatina en polvo

75 ml / 5 cucharadas de agua fría

225 g / 8 oz / 2 tazas de galletas simples (biscuit)

50 g / 2 oz / ¼ taza de mantequilla o margarina derretida

400 g / 14 oz / 1 lata grande de leche evaporada

150 g / 5 oz / 2/3 taza de azúcar glass (muy fina)

400 ml / 14 fl oz / 1¾ tazas de café negro fuerte, frío

Crema batida y rodajas de naranja confitadas (confitadas) para decoración

Espolvoreamos la gelatina con agua en un bol y dejamos hasta que quede esponjosa. Coloca el bol en una cacerola con agua caliente y deja que se disuelva. Deja que se enfríe un poco. Mezclar el pan rallado con la mantequilla derretida y presionar en el fondo y los lados de un molde para pastel rectangular engrasado de 30 x 20 cm / 12 x 8. Batir la leche evaporada hasta que espese y agregar poco a poco el azúcar, seguido de la gelatina disuelta y café. Extienda sobre la base y enfríe hasta que esté firme. Cortar en cuadritos y decorar con crema batida y rodajas de naranja confitadas (confitadas).

Pastel de frutas sin hornear

Rinde un pastel de 23 cm / 9

450 g / 1 lb / 22/3 tazas de frutos secos mixtos (mezcla para pastel de frutas)

450 g / 1 lb de galletas simples, trituradas

100 g / 4 oz / ½ taza de mantequilla o margarina derretida

100 g / 4 oz / ½ taza de azúcar moreno blando

400 g / 14 oz / 1 lata grande de leche condensada

5 ml / 1 cucharadita de esencia de vainilla (extracto)

Mezclar todos los ingredientes hasta que estén bien mezclados. Transfiera a un molde de 23 cm / 9 engrasado con una cuchara (molde para hornear) engrasada y forrada con film transparente (plástico) y presione hacia abajo. Deje enfriar hasta que esté sólido.

cuadritos de frutas

Rinde alrededor de 12

100 g / 4 oz / ½ taza de mantequilla o margarina

100 g / 4 oz / ½ taza de azúcar moreno blando

400 g / 14 oz / 1 lata grande de leche condensada

5 ml / 1 cucharadita de esencia de vainilla (extracto)

250 g / 9 oz / 1 ½ tazas de frutos secos mixtos (mezcla para pastel de frutas)

100 g / 4 oz / ½ taza de cerezas glaseadas (confitadas)

50 g / 2 oz / ½ taza de nueces mixtas picadas

400 g / 14 oz de galletas de mantequilla (cookies), trituradas

Derretir la mantequilla o margarina y el azúcar a fuego lento. Agrega la leche condensada y la esencia de vainilla y retira del fuego. Mezclar los ingredientes restantes. Presione en un molde suizo engrasado (jelonero) y refrigere por 24 horas hasta que endurezca. Cortar en cuadrados.

Partir fruta y fibra

Hace 12 años

100 g / 4 oz / 1 taza de chocolate liso (semidulce)

50 g / 2 oz / ¼ taza de mantequilla o margarina

15 ml / 1 cucharada de almíbar dorado (maíz claro)

100 g / 4 oz / 1 taza de fruta y fibra para el desayuno

Derrita el chocolate en un recipiente resistente al calor sobre una cacerola con agua hirviendo. Agregue mantequilla o margarina y almíbar. Agrega el cereal. Vierte en moldes de papel para tartas (papel para cupcakes) y deja enfriar y endurecer.

Tarta de turrón

Rinde un pastel de 900 g / 2 lb

15 g / ½ onza / 1 cucharada de gelatina en polvo

100 ml / 3½ fl oz / 6½ cucharadas de agua

1 paquete de esponjas pequeñas

225 g / 8 oz / 1 taza de mantequilla o margarina, ablandada

50 g / 2 oz / ¼ taza de azúcar glass (muy fina)

400 g / 14 oz / 1 lata grande de leche condensada

5 ml / 1 cucharadita de jugo de limón

5 ml / 1 cucharadita de esencia de vainilla (extracto)

5 ml / 1 cucharadita de crémor tártaro

100 g / 4 oz / 2/3 taza de frutas secas mixtas (mezcla para pastel de frutas), picadas

Espolvorea la gelatina sobre el agua en un tazón pequeño y coloca el tazón en una cacerola con agua caliente hasta que la gelatina esté transparente. Deja que se enfríe un poco. Forre un molde para hornear de 900 g / 2 lb con papel de aluminio para que el papel cubra la parte superior del molde, luego coloque la mitad de los bizcochos en la base. Batir la mantequilla o margarina y el azúcar hasta que esté cremoso y luego agregar todos los ingredientes restantes. Verter en el molde y disponer encima el resto de bizcochos. Cubrir con papel de aluminio y colocar un peso encima. Deje enfriar hasta que esté sólido.

Cuadritos de leche y nuez moscada

hace 20 años

Para la base:

225 g / 8 oz / 2 tazas de galletas simples (biscuit)

30 ml / 2 cucharadas de azúcar moreno blando

2,5 ml / ½ cucharadita de nuez moscada rallada

100 g / 4 oz / ½ taza de mantequilla o margarina derretida

Para el llenado:

1,2 litros / 2 puntos / 5 tazas de leche

25 g / 1 oz / 2 cucharadas de mantequilla o margarina

2 huevos separados

225 g / 8 oz / 1 taza de azúcar glass (muy fina)

100 g / 4 oz / 1 taza de maicena (maicena)

50 g / 2 oz / ½ taza de harina común (para todo uso)

5 ml / 1 cucharadita de levadura en polvo

Una pizca de nuez moscada rallada

Nuez moscada rallada para espolvorear

Para hacer la base, mezcle las galletas, el azúcar y la nuez moscada con mantequilla o margarina derretida y presione en la base de un molde para pasteles engrasado de 30 x 20 cm / 12 x 8.

Para preparar el relleno, poner a hervir 1 litro / 1¾ puntos / 4¼ tazas de leche en una cacerola grande. Agrega mantequilla o margarina. Batir las yemas con el resto de la leche. Mezclar el azúcar, la maicena, la harina, el polvo para hornear y la nuez moscada. Batir un poco de la leche hirviendo con la mezcla de yemas hasta que se forme una pasta, luego agregar la pasta a la leche hirviendo, batiendo continuamente a fuego lento durante unos minutos hasta que espese. Alejar del calor. Batir las claras a punto de nieve y luego incorporarlas a la mezcla. Repartir sobre la base y espolvorear generosamente con nuez moscada. Dejar enfriar, enfriar y cortar en cuadritos antes de servir.

Muesli Crujiente

Rinde unos 16 cuadrados.

400 g / 14 oz / 3 ½ tazas de chocolate suave (semidulce)

45 ml / 3 cucharadas de almíbar dorado (maíz claro)

25 g / 1 oz / 2 cucharadas de mantequilla o margarina

Aproximadamente 225 g / 8 oz / 2/3 taza de muesli

Derretir la mitad del chocolate, el almíbar y la mantequilla o margarina. Agregue gradualmente suficiente muesli para crear una mezcla espesa. Presione hasta formar un rollito suizo untado con mantequilla (rollo de gelatina). Derretir el chocolate restante y alisar la superficie. Dejar enfriar antes de cortar en cuadritos.

Cuadrados de espuma naranja

hace 20 años

25 g / 1 oz / 2 cucharadas de gelatina en polvo

75 ml / 5 cucharadas de agua fría

225 g / 8 oz / 2 tazas de galletas simples (biscuit)

50 g / 2 oz / ¼ taza de mantequilla o margarina derretida

400 g / 14 oz / 1 lata grande de leche evaporada

150 g / 5 oz / 2/3 taza de azúcar glass (muy fina)

400 ml / 14 fl oz / 1¾ tazas de jugo de naranja

Caramelos de crema batida y chocolate para decoración.

Espolvoreamos la gelatina con agua en un bol y dejamos hasta que quede esponjosa. Coloca el bol en una cacerola con agua caliente y deja que se disuelva. Deja que se enfríe un poco. Mezclar el pan rallado con la mantequilla derretida y presionar en el fondo y los lados de un molde para pasteles poco profundo engrasado con unas dimensiones de 30 x 20 cm / 12 x 8. Batir la leche hasta que espese y agregar poco a poco el azúcar, luego la gelatina disuelta y la naranja. jugo. Extienda sobre la base y enfríe hasta que esté firme. Cortar en cuadritos y decorar con crema batida y caramelos de chocolate.

cuadritos de maní

hace 18 años

225 g / 8 oz / 2 tazas de galletas simples (biscuit)

100 g / 4 oz / ½ taza de mantequilla o margarina derretida

225 g / 8 oz / 1 taza de mantequilla de maní crujiente

25 g / 1 onza / 2 cucharadas de cerezas glaseadas (confitadas)

25 g / 1 oz / 3 cucharadas de grosellas

Mezclar todos los ingredientes hasta que estén bien mezclados. Presionar en un molde engrasado de 25 cm / 12 cm de diámetro sobre una bandeja de horno (bandeja de horno) y meter en el frigorífico para que endurezca y luego cortar en cuadritos.

Galletas de caramelo de menta

Hace 16 años

400 g / 14 oz / 1 lata grande de leche condensada

600 ml / 1 punto / 2½ tazas de leche

30 ml / 2 cucharadas de crema en polvo

225 g / 8 oz / 2 tazas de galletas digestivas (galletas Graham)

100 g / 4 oz / 1 taza de chocolate con menta, partido en trozos

Coloca una lata de leche condensada sin abrir en una cacerola con suficiente agua para cubrir la lata. Llevar a ebullición, tapar y cocinar durante 3 horas, añadiendo agua hirviendo si es necesario. Déjalo enfriar, abre la lata y saca el caramelo.

Calienta 500 ml / 17 fl oz / 2 ¼ tazas de leche con caramelo, lleva a ebullición y revuelve hasta que se derrita. Mezclar la crema en polvo con el resto de la leche hasta formar una pasta, mezclar en la sartén y continuar cocinando hasta que espese, revolviendo constantemente. Vierta la mitad de las migas de galleta en el fondo de un molde para pasteles cuadrado engrasado de 20 cm / 8 20 cm / 8, vierta la mitad del flan encima y espolvoree con la mitad del chocolate. Repetir las capas y dejar enfriar. Refrigere y luego córtelo en porciones para servir.

galletas de arroz

hace 24 años

175 g / 6 oz / ½ taza de miel pura

225 g / 8 oz / 1 taza de azúcar granulada

60 ml / 4 cucharadas de agua

350 g / 12 oz / 1 caja de cereal de arroz inflado

100 g / 4 oz / 1 taza de maní tostado

Disolver la miel, el azúcar y el agua en una cacerola grande y dejar enfriar durante 5 minutos. Agregue cereal y maní. Estirar las bolitas, colocarlas en moldes de papel para tartas (papel para cupcakes) y dejar enfriar y endurecer.

Toffee con arroz y chocolate

Rinde 225 g / 8 oz

50 g / 2 oz / ¼ taza de mantequilla o margarina

30 ml / 2 cucharadas de almíbar dorado (maíz light)

30 ml / 2 cucharadas de cacao en polvo (chocolate sin azúcar).

60 ml / 4 cucharadas de azúcar granulada (muy fina)

50 g / 2 oz / ½ taza de arroz molido

Derretir la mantequilla y el almíbar. Agrega el cacao y el azúcar hasta que se disuelva y agrega el arroz en polvo. Llevar a ebullición suave, reducir el fuego y cocinar a fuego lento durante 5 minutos, revolviendo constantemente. Verter en un molde cuadrado de 20 cm / 8 engrasado y forrado y dejar enfriar un poco. Cortar en cuadritos y dejar enfriar por completo antes de retirar de la sartén.

pasta de almendra

Cubre la parte superior y los lados de un pastel con un diámetro de 23 cm / 9 cm

225 g / 8 oz / 2 tazas de almendras molidas

225 g / 8 oz / 11/3 tazas de azúcar en polvo (de repostería), tamizada

225 g / 8 oz / 1 taza de azúcar glass (muy fina)

2 huevos, ligeramente batidos

10 ml / 2 cucharaditas de jugo de limón

Unas gotas de esencia de almendras (extracto)

Batir las almendras y los azúcares. Incorpora poco a poco los ingredientes restantes hasta obtener una pasta suave. Envolver en film plástico (plástico) y enfriar antes de usar.

Pasta de almendras sin azúcar

Cubre la parte superior y los lados de un pastel con un diámetro de 15 cm / 6 cm

100 g / 4 oz / 1 taza de almendras molidas

50 g / 2 oz / ½ taza de fructosa

25 g / 1 oz / ¼ taza de harina de maíz (maicena)

1 huevo, ligeramente batido

Mezcla todos los ingredientes hasta obtener una pasta suave. Envolver en film plástico (plástico) y enfriar antes de usar.

glaseado real

Cubre la parte superior y los lados de un pastel con un diámetro de 20 cm / 8

5 ml / 1 cucharadita de jugo de limón

2 claras de huevo

450 g / 1 lb / 22/3 tazas de azúcar glass (repostería), tamizada

5 ml / 1 cucharadita de glicerina (opcional)

Batir el jugo de limón con las claras y agregar poco a poco el azúcar glass hasta que el glaseado esté suave y blanco y cubra el dorso de una cuchara. Unas gotas de glicerina evitarán que el glaseado se desmorone demasiado. Cubrir con una toalla húmeda y dejar reposar 20 minutos para que las burbujas de aire suban a la superficie.

La corteza de esta consistencia se puede verter sobre el bizcocho y alisar con un cuchillo humedecido en agua caliente. Para la manga pastelera, agregue más azúcar para que el glaseado quede lo suficientemente rígido como para formar picos.

glaseado sin azúcar

Puede cubrir una tarta de 15 cm / 6

50 g / 2 oz / ½ taza de fructosa

un poco de sal

1 clara de huevo

2,5 ml / ½ cucharadita de jugo de limón

Licue la fructosa en polvo en un procesador de alimentos hasta que quede tan fina como el azúcar en polvo. Agrega la sal. Transfiera a un recipiente resistente al calor y agregue la clara de huevo y el jugo de limón. Coloque el recipiente sobre una cacerola con agua hirviendo a fuego lento y continúe batiendo hasta que se formen picos rígidos. Retirar del fuego y batir hasta que se enfríe.

cobertura de fondant

Basta con cubrir un bizcocho de 20 cm / 8 cm de diámetro.

450 g / 1 lb / 2 tazas de azúcar granulada (muy fina) o en polvo

150 ml / ¼ pt / 2/3 taza de agua

15 ml / 1 cucharada de glucosa líquida o 2,5 ml / ½ cucharadita de ácido tartárico

En una cacerola grande y pesada a fuego lento, disuelva el azúcar en el agua. Limpia los lados de la sartén con un cepillo humedecido en agua fría para evitar que se formen cristales. Disolver el crémor tártaro en un poco de agua y remover en la cacerola. Llevar a ebullición y cocinar continuamente a 115 °C / 242 °F cuando una gota de glaseado forme una bola suave al caer en agua fría. Vierta lentamente el almíbar en un recipiente resistente al calor y déjelo hasta que se forme una cáscara. Batir el glaseado con una cuchara de madera hasta que esté opaco y firme. Amasar hasta que quede suave. Si es necesario, caliéntelo en una fuente refractaria sobre una cacerola con agua caliente para que se ablande antes de usarlo.

Glaseado de mantequilla

Puede llenar y cubrir un pastel con un diámetro de 20 cm / 8

100 g / 4 oz / ½ taza de mantequilla o margarina, ablandada

225 g / 8 oz / 11/3 tazas de azúcar en polvo (de repostería), tamizada

30 ml / 2 cucharadas de leche

Batir la mantequilla o la margarina hasta que quede esponjosa. Incorpora poco a poco el azúcar en polvo y la leche hasta que estén bien combinados.

Cobertura de chocolate para repostería

Puede llenar y cubrir un pastel con un diámetro de 20 cm / 8

30 ml / 2 cucharadas de cacao en polvo (chocolate sin azúcar).

15 ml / 1 cucharada de agua hirviendo

100 g / 4 oz / ½ taza de mantequilla o margarina, ablandada

225 g / 8 oz / 11/3 tazas de azúcar en polvo (de repostería), tamizada

15 ml / 1 cucharada de leche

Mezclar el cacao con agua hirviendo hasta que se forme una pasta y dejar enfriar. Batir la mantequilla o la margarina hasta que quede esponjosa. Incorpora poco a poco el azúcar en polvo, la leche y el cacao hasta que esté completamente suave.

Glaseado de mantequilla de chocolate blanco

Puede llenar y cubrir un pastel con un diámetro de 20 cm / 8

100 g / 4 oz / 1 taza de chocolate blanco

100 g / 4 oz / ½ taza de mantequilla o margarina, ablandada

225 g / 8 oz / 11/3 tazas de azúcar en polvo (de repostería), tamizada

15 ml / 1 cucharada de leche

Derrita el chocolate en un recipiente resistente al calor sobre una cacerola con agua hirviendo y déjelo enfriar un poco. Batir la mantequilla o la margarina hasta que quede esponjosa. Agrega poco a poco el azúcar glass, la leche y el chocolate hasta formar una mezcla homogénea.

Glaseado de mantequilla de café

Puede llenar y cubrir un pastel con un diámetro de 20 cm / 8

100 g / 4 oz / ½ taza de mantequilla o margarina, ablandada

225 g / 8 oz / 11/3 tazas de azúcar en polvo (de repostería), tamizada

15 ml / 1 cucharada de leche

15 ml / 1 cucharada de esencia de café (extracto)

Batir la mantequilla o la margarina hasta que quede esponjosa. Agrega poco a poco el azúcar glass, la leche y la esencia de café hasta formar una mezcla homogénea.

Glaseado de mantequilla de limón

Puede llenar y cubrir un pastel con un diámetro de 20 cm / 8

100 g / 4 oz / ½ taza de mantequilla o margarina, ablandada

225 g / 8 oz / 11/3 tazas de azúcar en polvo (de repostería), tamizada

30 ml / 2 cucharadas de jugo de limón

Ralladura de 1 limón

Batir la mantequilla o la margarina hasta que quede esponjosa. Agregue gradualmente el azúcar en polvo, el jugo de limón y la ralladura hasta que estén bien combinados.

Glaseado de mantequilla de naranja

Puede llenar y cubrir un pastel con un diámetro de 20 cm / 8

100 g / 4 oz / ½ taza de mantequilla o margarina, ablandada

225 g / 8 oz / 11/3 tazas de azúcar en polvo (de repostería), tamizada

30 ml / 2 cucharadas de jugo de naranja

Piel rallada de 1 naranja

Batir la mantequilla o la margarina hasta que quede esponjosa. Agrega poco a poco el azúcar glass, el jugo de naranja y la ralladura hasta formar una mezcla homogénea.

Tarta helada de queso crema

Puede cubrir una tarta de 25 cm / 9

75 g / 3 oz / 1/3 taza de queso crema

30 ml / 2 cucharadas de mantequilla o margarina

350 g / 12 oz / 2 tazas de azúcar en polvo (de repostería), tamizada

5 ml / 1 cucharadita de esencia de vainilla (extracto)

Batir el queso y la mantequilla o margarina hasta que esté suave y esponjoso. Incorpora poco a poco el azúcar en polvo y el extracto de vainilla hasta que quede suave y cremoso.

glaseado de naranja

Puede cubrir una tarta de 25 cm / 9

250 g / 9 oz / 1 ½ tazas de azúcar en polvo (de repostería), tamizada

30 ml / 2 cucharadas de mantequilla o margarina, ablandada

Unas gotas de esencia de almendras (extracto)

60 ml / 4 cucharadas de jugo de naranja

Poner en un bol el azúcar glass y mezclar la mantequilla o margarina y la esencia de almendras. Agregue gradualmente suficiente jugo de naranja para hacer un glaseado firme.

pasteles de crema

Hace 12 años

Galletas de mantequilla 225 g / 8 oz

15 ml / 1 cucharada de azúcar granulada (muy fina)

1 huevo, ligeramente batido

150 ml / ¼ pt / 2/3 taza de leche tibia

un poco de sal

Nuez moscada rallada para espolvorear

Estirar la masa y forrar 12 moldes hondos para tartas (moldes para hamburguesas). Mezclar el azúcar con el huevo y añadir poco a poco la leche tibia y la sal. Vierte la mezcla en moldes de repostería (conchas para tartas) y espolvorea con nuez moscada. Hornee en horno precalentado a 200°C/400°F/gas 6 durante 20 minutos. Déjalo enfriar en las latas.

pasteles de crema daneses

hace 8

200 g / 7 oz / escasa 1 taza de mantequilla o margarina

250 g / 9 oz / 2 ¼ tazas de harina común (para todo uso)

50 g / 2 oz / 1/3 taza de azúcar glass, tamizada

2 yemas de huevo

1 cantidad de relleno de crema danesa

Frote la mantequilla o margarina con la harina y el azúcar hasta que la mezcla parezca pan rallado. Agrega las yemas de huevo y mezcla bien. Cubrir con film transparente (plástico) y refrigerar por 1 hora. Estirar dos tercios de la masa (masa) y colocarla en tartaletas (moldes para hamburguesas) engrasadas. Rellenamos con un relleno de crema. Estirar la masa restante y cortar la parte superior de los pasteles. Moje los bordes y presione para sellar. Hornear en horno precalentado a 200°C/400°F/gas número 6 durante 15-20 minutos hasta que estén dorados. Déjalo enfriar en las latas.

pasteles de frutas

Hace 12 años

75 g / 3 oz / 1/3 taza de mantequilla o margarina, cortada en cubitos

175 g / 6 oz / 1 ½ tazas de harina común (para todo uso)

45 ml / 3 cucharadas de azúcar granulada (muy fina)

10 ml / 2 cucharaditas de piel de naranja finamente rallada

1 yema

15 ml / 1 cucharada de agua

175 g / 6 oz / ¾ taza de queso crema

15 ml / 1 cucharada de leche

350 g / 12 oz de frutas variadas, como uvas partidas por la mitad sin semillas, gajos de mandarina, fresas en rodajas, moras o frambuesas

45 ml / 3 cucharadas de mermelada de albaricoque (enlatada), tamizada (colada)

15 ml / 1 cucharada de agua

Frote la mantequilla o margarina con la harina hasta que la mezcla parezca pan rallado. Agrega 30 ml / 2 cucharadas de azúcar y la mitad de la ralladura de naranja. Agrega la yema de huevo y suficiente agua para hacer una masa suave. Envolver en plástico (plástico) y refrigerar por 30 minutos.

Estirar la masa hasta obtener un espesor de 3 mm / 1/8 sobre una tabla enharinada y utilizarla para forrar 12 moldes de barkette (con forma de barco) o tartaletas. Cubrir con papel pergamino (encerado), rellenar con frijoles y hornear en horno precalentado a 190°C / 375°F / gas 5 por 10 minutos. Retire el papel y los frijoles y hornee por 5 minutos más hasta que estén dorados. Dejar enfriar en los moldes durante 5 minutos y luego colocar en el horno para que se enfríe.

Batir el queso con la leche, el azúcar restante y la piel de naranja hasta que quede suave. Vierta en moldes (cáscaras de pastel) y coloque la fruta encima. Calienta la mermelada y el agua en una cacerola pequeña hasta que estén bien mezclados, luego cepilla la fruta para vitrificarla. Dejar enfriar antes de servir.

pastel genovés

Rinde un pastel de 23 cm / 9 pulgadas

100 g / 4 oz de hojaldre

50 g / 2 oz / ¼ taza de mantequilla o margarina, ablandada

75 g / 3 oz / 1/3 taza de azúcar glass (muy fina)

75 g / 3 oz / ¾ taza de almendras picadas

3 huevos, separados

2,5 ml / ½ cucharadita de esencia de vainilla (extracto)

100 g / 4 oz / 1 taza de harina común (para todo uso)

100 g / 4 oz / 2/3 taza de azúcar en polvo (de repostería), tamizada

Jugo de ½ limón

Estirar la masa sobre una tabla enharinada y forrar un molde para pasteles de 23 cm / 9 (forma). Pinchar todo con un tenedor. Batir la mantequilla o margarina y el azúcar refinada hasta que esté suave y esponjosa. Agrega poco a poco las almendras, las yemas de huevo y la esencia de vainilla. Agrega la harina. Batir las claras a punto de nieve y luego incorporarlas a la mezcla. Vierta en un molde para pastel y hornee en horno precalentado a 190°C / 375°F / gas 5 durante 30 minutos. Dejar enfriar durante 5 minutos. Mezclar el azúcar glass con el jugo de limón y esparcir sobre el bizcocho.

pastel de jengibre

Rinde un pastel de 23 cm / 9 pulgadas

225 g / 8 oz / 2/3 taza de almíbar dorado (maíz claro)

250 ml / 8 fl oz / 1 taza de agua hirviendo

2,5 ml / ½ cucharadita de jengibre en polvo

60 ml / 4 cucharadas de jengibre cristalizado (confitado) finamente picado

30 ml / 2 cucharadas de harina de maíz (almidón de maíz)

15 ml / 1 cucharada de crema en polvo

1 caja de bizcocho básico

Llevar a ebullición el almíbar, el agua y el jengibre molido y luego añadir el jengibre confitado. Mezclar la harina de maíz y la crema en polvo con un poco de agua hasta formar una pasta, agregar a la mezcla de jengibre y cocinar a fuego lento durante unos minutos, revolviendo constantemente. Poner el relleno en el molde de tarta (cáscara) y dejar enfriar y endurecer.

pasteles de gelatina

Hace 12 años

Galletas de mantequilla 225 g / 8 oz

175 g / 6 oz / ½ taza de gelatina de frutas sólida o entera (enlatada)

Estire la masa (masa) y cúbrala con una bandeja para hornear engrasada (bandeja para hornear). Divida la mermelada entre los bizcochos y colóquela en el horno precalentado a 200 °C / 400 °F / marca de gas 6 durante 15 minutos.

pastel de nuez

Rinde un pastel de 23 cm / 9 pulgadas

Galletas de mantequilla 225 g / 8 oz

50 g / 2 oz / ½ taza de nueces pecanas

3 huevos

225 g / 8 oz / 2/3 taza de almíbar dorado (maíz claro)

75 g / 3 oz / 1/3 taza de azúcar moreno suave

2,5 ml / ½ cucharadita de esencia de vainilla (extracto)

un poco de sal

Estirar la masa sobre una tabla enharinada y forrar un molde para budín engrasado de 23 cm / 9. Cubrir con papel de horno, rellenar con frijoles y hornear a ciegas en el horno precalentado a 190°C / 375° F / marca de gas 5 para 10 minutos. Retire el papel y los frijoles.

Coloque las nueces en un patrón atractivo en el molde de pastelería. Batir los huevos hasta obtener una crema ligera y espumosa. Agrega el almíbar, luego el azúcar y continúa batiendo hasta que el azúcar se disuelva. Agrega la esencia de vainilla y la sal y bate hasta que quede suave. Vierte la mezcla en el molde y coloca en el horno precalentado durante 10 minutos. Reduzca la temperatura del horno a 180°C / 350°F / marca de gas 4 y hornee por 30 minutos más hasta que esté dorado. Dejar enfriar y endurecer antes de servir.

Pastel de nueces y manzana

Rinde un pastel de 23 cm / 9 pulgadas

2 huevos

350 g / 12 oz / 1 ½ tazas de azúcar glass (muy fina)

50 g / 2 oz / ½ taza de harina común (para todo uso)

10 ml / 2 cucharaditas de levadura en polvo

un poco de sal

100 g / 4 oz de manzanas cocidas (pastel), peladas, sin corazón y cortadas en cubitos

100 g / 4 oz / 1 taza de pecanas o nueces

150 ml / ¼ pt / 2/3 taza de crema para batir

Batir los huevos hasta que estén suaves y espumosos. Mezcle gradualmente todos los ingredientes restantes excepto la crema en el orden indicado. Verter en un molde para bizcocho engrasado y forrado de 23 cm / 9 de diámetro y hornear en horno precalentado a 160 °C / 325 °F / gas 3 durante unos 45 minutos, hasta que esté bien leudado y dorado. Servir con crema.

Tarta de Gainsborough

Rinde un pastel de 20 cm / 8 pulgadas

25 g / 1 oz / 2 cucharadas de mantequilla o margarina

2,5 ml / ½ cucharadita de levadura en polvo

50 g / 2 oz / ¼ taza de azúcar glass (muy fina)

100 g / 4 oz / 1 taza de coco desecado (rallado)

50 g / 2 oz / ¼ taza de cerezas glaseadas (confitadas), picadas

2 huevos batidos

Derretir la mantequilla, mezclar el resto de los ingredientes y verter en un molde para bizcocho engrasado y forrado de 20 cm / 8. Hornear en horno precalentado a 180°C/350°F/gas 4 durante 30 minutos hasta que esté suave al tacto.

Pastel de limón

Rinde 25 cm / 10 por pastel

Galletas de mantequilla 225 g / 8 oz

100 g / 4 oz / ½ taza de mantequilla o margarina

4 huevos

Ralladura y jugo de 2 limones

100 g / 4 oz / ½ taza de azúcar glass (muy fina)

250 ml / 8 fl oz / 1 taza de crema doble (espesa)

Hojas de menta para decorar

Estirar la masa sobre una tabla enharinada y forrar un molde (molde) de 25 cm / 10 cm, perforar el fondo con un tenedor. Cubrir con papel pergamino (encerado) y rellenar con frijoles. Hornee en horno precalentado a 200°C/400°F/gas 6 durante 10 minutos. Retirar el papel y los frijoles y hornear 5 minutos más hasta que la base esté seca. Reduzca la temperatura del horno a 160°C / 325°F / marca de gas 3.

Derretir la mantequilla o margarina y dejar enfriar durante 1 minuto. Batir los huevos con la ralladura y el jugo de limón. Agrega la mantequilla, el azúcar y la nata. Verter en la base de la masa y hornear a temperatura reducida durante 20 minutos. Dejar enfriar antes de servir y decorar con hojas de menta en el frigorífico.

tartaletas de limon

Hace 12 años

225 g / 8 oz / 1 taza de mantequilla o margarina, ablandada

75 g / 3 oz / ½ taza de azúcar en polvo (de repostería), tamizada

175 g / 6 oz / 1 ½ tazas de harina común (para todo uso)

50 g / 2 oz / ½ taza de harina de maíz (maicena)

5 ml / 1 cucharadita de piel de limón rallada

En el techo:

30 ml / 2 cucharadas de cuajada de limón

30 ml / 2 cucharadas de azúcar glass, tamizada

Mezcle todos los ingredientes del pastel hasta que quede suave. Vierta en una manga pastelera y colóquela decorativamente en 12 vasos de papel colocados en un molde para pasteles (molde pastel). Hornear en horno precalentado a 180 °C/350 °F/gas número 4 durante 20 minutos hasta que estén dorados. Dejar enfriar un poco, poner una cucharada de cuajada de limón encima de cada galleta y espolvorear con azúcar glass.

pastel de naranja

Rinde un pastel de 23 cm / 9 pulgadas

1 caja de bizcocho básico

400 ml / 14 fl oz / 1¾ tazas de jugo de naranja

150 g / 5 oz / 2/3 taza de azúcar glass (muy fina)

30 ml / 2 cucharadas de crema en polvo

15 g / ½ onza / 1 cucharada de mantequilla o margarina

15 ml / 1 cucharada de piel de naranja rallada

Unas rodajas de naranja confitadas (opcional)

Preparar una caja de bizcocho básica (cáscara). Mientras cocina, mezcle 250 ml / 8 fl oz / 1 taza de jugo de naranja con azúcar, crema en polvo y mantequilla o margarina. Lleve la mezcla a ebullición a fuego lento y cocine suavemente hasta que esté transparente y espesa. Agrega la ralladura de naranja. Tan pronto como la caja de pudín salga del horno, rocíe con el jugo de naranja restante, vierta el relleno de naranja en el pudín y déjelo enfriar y endurecer. Adorne con rodajas de naranja confitadas si lo desea.

Tarta de pera

Rinde un pastel de 20 cm / 8 pulgadas
1 cantidad de paté sucrée

Para el llenado:
150 ml / ¼ pt / 2/3 taza de crema doble (espesa)

2 huevos

50 g / 2 oz / ¼ taza de azúcar glass (muy fina)

5 peras

Para el glaseado:

75 ml / 5 cucharadas de gelatina de grosella (clara enlatada)

30 ml / 2 cucharadas de agua

Jugo de limón exprimido

Abrir el paté y forrar un molde de 20cm / 8, cubrir con papel pergamino (encerado) y rellenar con frijoles y hornear en horno precalentado a 190°C / 375°F / gas 5 por 12 minutos. Retirar del horno, retirar el papel y los frijoles y dejar enfriar.

Para preparar el relleno, mezcle la nata, los huevos y el azúcar. Pelar las peras, quitarles el corazón y cortarlas a lo largo en mitades. Coloque las peras con el lado cortado hacia abajo y córtelas casi por la mitad, pero déjelas intactas. Organizar en una caja de pastel (concha). Vierta la mezcla de natillas y hornee en un horno precalentado a 190 °C / 375 °F / marca de gas 4 durante 45 minutos, cubriendo con papel pergamino (encerado) si se dora antes de cuajar. Déjalo enfriar.

Para hacer el glaseado, derrita la mermelada, el agua y el jugo de limón en una cacerola pequeña hasta que estén bien combinados. Cubrir la fruta con el glaseado aún caliente y dejar endurecer. Servir el mismo día.

Tarta de pera y almendras

Rinde un pastel de 20 cm / 8 pulgadas

Para repostería (pasta):

100 g / 4 oz / 1 taza de harina común (para todo uso)

50 g / 2 oz / ½ taza de almendras molidas

50 g / 2 oz / ¼ taza de azúcar glass (muy fina)

75 g / 3 oz / 1/3 taza de mantequilla o margarina, en cubitos y ablandada

1 yema

Unas gotas de esencia de almendras (extracto)

Para el llenado:

1 yema

50 g / 2 oz / ¼ taza de azúcar glass (muy fina)

50 g / 2 oz / ½ taza de almendras molidas

30 ml / 2 cucharadas de licor sabor a pera u otro licor al gusto

3 peras grandes

Para la crema:

3 huevos

25 g / 1 oz / 2 cucharadas de azúcar glass (muy fina)

300 ml / ½ punto / 1¼ tazas de crema natural (light)

Para la masa, mezclar en un bol la harina, las almendras y el azúcar y hacer un hueco en el medio. Agrega la mantequilla o margarina, la yema de huevo y la esencia de vainilla y mezcla poco a poco los ingredientes hasta obtener una masa suave. Envuelva en film transparente y refrigere por 45 minutos. Estirar sobre una superficie enharinada y utilizar en un molde engrasado y forrado (20 cm / molde de 8 lados) C / 400 °F / marca de gas 6 durante 15 minutos. Retire el papel y los frijoles.

Para preparar el relleno, batir las yemas y el azúcar. Agrega las almendras y el licor y vierte la mezcla en una funda de repostería (base de tarta). Pele, quite el corazón y corte las peras por la mitad, luego colóquelas con el lado plano hacia abajo en el relleno.

Para preparar la nata, bate los huevos y el azúcar hasta que quede suave y esponjosa. Añade la nata. Vierte la nata sobre las peras y hornea en horno precalentado a 180 °C / 350 °F / gas número 4 durante unos 15 minutos, hasta que la nata esté firme.

pastel real de pasas

Rinde un pastel de 20 cm / 8 pulgadas

Para repostería (pasta):

100 g / 4 oz / ½ taza de mantequilla o margarina

225 g / 8 oz / 2 tazas de harina común (para todo uso)

un poco de sal

45 ml / 3 cucharadas de agua fría

Para el llenado:

50 g / 2 oz / ½ taza de migas de bizcocho

175 g / 6 oz / 1 taza de pasas

1 yema

5 ml / 1 cucharadita de piel de limón rallada

En el techo:

225 g / 8 oz / 11/3 tazas de azúcar en polvo (de repostería), tamizada

1 clara de huevo

5 ml / 1 cucharadita de jugo de limón

Terminar:

45 ml / 3 cucharadas de gelatina de grosella (clara enlatada)

Para hacer la masa, frote la mantequilla o margarina con la harina y la sal hasta que la mezcla parezca pan rallado. Agrega suficiente agua fría para formar una masa. Envolver en plástico (plástico) y refrigerar por 30 minutos.

Estirar la masa y forrar un molde para tartas de 20 cm / 8 cuadrados. Mezclar los ingredientes del relleno y extenderlos sobre la base nivelando la superficie. Batir los ingredientes para el glaseado y esparcirlo sobre el bizcocho. Batir la mermelada de grosellas hasta que quede suave y luego colocar el patrón de rejilla sobre el pastel. Hornee en horno precalentado a 190°C/375°F/gas 5 durante 30 minutos, luego reduzca la temperatura del horno a 180°C/350°F/gas 4 y hornee por 10 minutos más.

Pastel con pasas y crema agria

Rinde un pastel de 23 cm / 9 pulgadas

Galletas de mantequilla 225 g / 8 oz

30 ml / 2 cucharadas de harina común (para todo uso)

2 huevos, ligeramente batidos

60 ml / 4 cucharadas de azúcar granulada (muy fina)

250 ml / 8 fl oz / 1 taza de crema agria

225 g / 8 oz / 11/3 tazas de pasas

60 ml / 4 cucharadas de ron o brandy

Unas gotas de esencia de vainilla (extracto)

Extienda la masa (pasta) hasta un espesor de 5 mm / ¼ sobre una tabla ligeramente enharinada. Mezclar la harina, los huevos, el azúcar y la nata, agregar las pasas, el ron o brandy y la esencia de vainilla. Vierte la mezcla en un molde para pastel y hornea en horno precalentado a 200°C / 400°F / gas 6 durante 20 minutos. Reduzca la temperatura del horno a 180 °C / 350 °F / marca de gas 4 y hornee por 5 minutos más hasta que cuaje.

pastel de fresa

Rinde un pastel de 20 cm / 8 pulgadas
1 cantidad de paté sucrée

Para el llenado:

5 yemas de huevo

175 g / 6 oz / ¾ taza de azúcar glass (muy fina)

75 g / 3 oz / ¾ taza de harina de maíz (maicena)

1 vaina de vainilla (frijol)

450 ml / ¾ pt / 2 tazas de leche

15 g / ½ onza / 1 cucharada de mantequilla o margarina

550 g / 1¼ lb de fresas, partidas por la mitad

Para el glaseado:

75 ml / 5 cucharadas de gelatina de grosella (clara enlatada)

30 ml / 2 cucharadas de agua

Jugo de limón exprimido

Estirar la masa (masa) y forrarla con un molde para pasteles de 20 cm / 8 (forma). Cubrir con papel pergamino (encerado) y rellenar con frijoles y hornear en horno precalentado a 190 °C / 375 °F / nivel de gas 5 durante 12 minutos. Retirar del horno, retirar el papel y los frijoles y dejar enfriar.

Para preparar el relleno, bata las yemas de huevo y el azúcar hasta que la mezcla esté suave y esponjosa y no se deslice de la batidora en tiras. Agrega la harina de maíz. Coloca la vaina de vainilla en la leche y deja que hierva. Retire la vaina de vainilla. Incorpora poco a poco la mezcla de huevo. Vierta la mezcla en una cacerola limpia y hierva, revolviendo constantemente, y cocine por 3 minutos, revolviendo constantemente. Retire del fuego y agregue la mantequilla o margarina hasta que se derrita. Cubrir con papel pergamino engrasado (encerado) y dejar enfriar.

Vierta la nata en el molde de repostería y coloque las fresas encima de forma atractiva. Para hacer el glaseado, derrita la mermelada, el agua y el jugo de limón hasta que estén bien mezclados. Cubrir la fruta con el glaseado aún caliente y dejar endurecer. Servir el mismo día.

pastel de melaza

Rinde un pastel de 20 cm / 8 pulgadas

75 g / 3 oz / 1/3 taza de mantequilla o margarina

175 g / 6 oz / 1 ½ tazas de harina común (para todo uso)

15 ml / 1 cucharada de azúcar granulada (muy fina)

1 yema

30 ml / 2 cucharadas de agua

225 g / 8 oz / 2/3 taza de almíbar dorado (maíz claro)

50 g / 2 oz / 1 taza de pan rallado fresco

5 ml / 1 cucharadita de jugo de limón

Frote la mantequilla o margarina con la harina hasta que la mezcla parezca pan rallado. Agrega el azúcar, la yema y el agua y mezcla la masa (pasta). Envolver en plástico (plástico) y refrigerar por 30 minutos.

Estirar la masa y forrar un molde de 20 cm / 8 hojas con forro. Calentar el almíbar y mezclarlo con pan rallado y jugo de limón. Coloca el relleno en un molde para pastel y hornea en horno precalentado a 180°C / 350°F / gas 4 durante 35 minutos hasta que burbujee.

Pastel de nueces y melaza

Rinde un pastel de 20 cm / 8 pulgadas

Galletas de mantequilla 225 g / 8 oz

100 g / 4 oz / ½ taza de mantequilla o margarina, ablandada

50 g / 2 oz / ¼ taza de azúcar moreno blando

2 huevos batidos

175 g / 6 oz / ½ taza de almíbar dorado (maíz claro), calentado

100 g / 4 oz / 1 taza de nueces, finamente picadas

Ralladura de 1 limón

Jugo de ½ limón

Estirar la masa (masa) y forrar un molde para pasteles (molde) engrasado de 20 cm / 8. Cubrir con papel pergamino (encerado) y rellenar con frijoles y llevar al horno precalentado a 200°C / 400°F / gas número 6 por 10 minutos. Retirar del horno y retirar el papel y los frijoles. Reduzca la temperatura del horno a 180°C / 350°F / marca de gas 4.

Batir la mantequilla o margarina y el azúcar hasta que esté suave y esponjosa. Batir poco a poco los huevos, luego agregar el almíbar, las nueces, la ralladura de limón y el jugo. Colocar en un molde para pastel y hornear por 45 minutos hasta que esté dorado y crujiente.

Pastel Amish Shoo-fly

Hace un pastel de 23 x 30 cm.

225 g / 8 oz / 1 taza de mantequilla o margarina, ablandada

225 g / 8 oz / 2 tazas de harina común (para todo uso)

225 g / 8 oz / 2 tazas de harina integral (integral)

450 g / 1 lb / 2 tazas de azúcar moreno blando

350 g / 12 oz / 1 taza de melaza oscura (melaza)

10 ml / 2 cucharaditas de bicarbonato de sodio (bicarbonato de sodio)

450 ml / ¾ pt / 2 tazas de agua hirviendo

Frote la mantequilla o margarina con la harina hasta que la mezcla parezca pan rallado. Añade azucar. Reserva 100 g / 4 oz / 1 taza de la mezcla para el glaseado. Combine la melaza, el bicarbonato de sodio y el agua y revuelva con la mezcla de harina hasta que se incorporen los ingredientes secos. Vierte en un molde para bizcocho engrasado y enharinado de 23 x 30 cm / 9 x 12 y espolvorea con la mezcla reservada. Hornee en el horno precalentado a 180 °C/350 °F/termostato 4 durante 35 minutos, hasta que al insertar una brocheta en el centro, éste salga limpio. Servir caliente.

Rebanada de pudín de Boston

Rinde un pastel de 23 cm / 9

100 g / 4 oz / ½ taza de mantequilla o margarina, ablandada

225 g / 8 oz / 1 taza de azúcar glass (muy fina)

2 huevos, ligeramente batidos

2,5 ml / ½ cucharadita de esencia de vainilla (extracto)

175 g / 6 oz / 1 ½ tazas de harina con levadura

5 ml / 1 cucharadita de levadura en polvo

un poco de sal

60 ml / 4 cucharadas de leche

relleno de crema

Batir la mantequilla o margarina y el azúcar hasta que esté suave y esponjosa. Agrega poco a poco los huevos y la esencia de vainilla, batiendo bien después de cada adición. Mezclar la harina, el polvo para hornear y la sal y agregar a la mezcla alternativamente con la leche. Vierta en un molde para pastel de 23 cm / 9 engrasado y enharinado y hornee en horno precalentado a 180°C / 350°F / gas 4 durante 30 minutos hasta que esté firme al tacto. Después de enfriar, corta el bizcocho horizontalmente y dobla ambas mitades junto con el relleno de crema.

Pastel americano de la montaña blanca.

Rinde un pastel de 23 cm / 9

225 g / 8 oz / 1 taza de mantequilla o margarina, ablandada

450 g / 1 lb / 2 tazas de azúcar glass (muy fina)

3 huevos, ligeramente batidos

350 g / 12 oz / 3 tazas de harina con levadura

15 ml / 1 cucharada de levadura en polvo

1,5 ml / ¼ cucharadita de sal

250 ml / 8 fl oz / 1 taza de leche

5 ml / 1 cucharadita de esencia de vainilla (extracto)

5 ml / 1 cucharadita de esencia de almendras (extracto)

Para el relleno de limón:

45 ml / 3 cucharadas de harina de maíz (almidón de maíz)

75 g / 3 oz / 1/3 taza de azúcar glass (muy fina)

1,5 ml / ¼ cucharadita de sal

300 ml / ½ pt / 1¼ tazas de leche

25 g / 1 oz / 2 cucharadas de mantequilla o margarina

90 ml / 6 cucharadas de jugo de limón

5 ml / 1 cucharadita de piel de limón rallada

Para la cobertura:

350 g / 12 oz / 1 ½ tazas de azúcar glass (muy fina)

un poco de sal

2 claras de huevo

75 ml / 5 cucharadas de agua fría

15 ml / 1 cucharada de almíbar dorado (maíz claro)

5 ml / 1 cucharadita de esencia de vainilla (extracto)

175 g / 6 oz / 1 ½ tazas de coco desecado (rallado)

Batir la mantequilla o margarina y el azúcar hasta que esté suave y esponjosa. Agrega los huevos poco a poco. Mezclar la harina, la levadura y la sal, luego agregar a la nata alternando con la leche y las esencias. Vierta la mezcla en tres moldes para pasteles (moldes para hornear) de 23 cm / 9 engrasados y forrados y colóquelos en el horno precalentado a 180 ° C / 350 ° F / marca 4 durante 30 minutos, hasta que al insertar una brocheta en el centro salga limpio. . Déjalo enfriar.

Para hacer el relleno, mezcle la harina de maíz, el azúcar y la sal, luego agregue la leche hasta que quede suave. Agregue mantequilla o margarina poco a poco y bata a fuego lento durante unos 2 minutos hasta que espese. Agrega el jugo y la ralladura de limón. Déjalo enfriar y métalo en el frigorífico.

Para hacer la cobertura, combine todos los ingredientes excepto la esencia de vainilla y el coco en un recipiente resistente al calor colocado sobre una cacerola con agua hirviendo. Batir durante unos 5 minutos hasta que esté rígido. Agrega la esencia de vainilla y bate por otros 2 minutos.

Para armar el bizcocho, esparce la mitad del relleno de limón sobre la capa base y espolvorea con 25g / 1oz / ¼ taza de coco. Repita con la segunda capa. Extienda el glaseado por la parte superior y los lados del pastel y espolvoree con el coco restante.

pastel de suero de leche americano

Rinde un pastel de 23 cm / 9

100 g / 4 oz / ½ taza de mantequilla o margarina, ablandada

225 g / 8 oz / 1 taza de azúcar glass (muy fina)

2 huevos, ligeramente batidos

5 ml / 1 cucharadita de piel de limón rallada

5 ml / 1 cucharadita de esencia de vainilla (extracto)

225 g / 8 oz / 2 tazas de harina con levadura (con levadura)

5 ml / 1 cucharadita de levadura en polvo

5 ml / 1 cucharadita de bicarbonato de sodio (bicarbonato de sodio)

un poco de sal

250 ml / 8 fl oz / 1 taza de suero de leche

relleno de limon

Batir la mantequilla o margarina y el azúcar hasta que esté suave y esponjosa. Batir poco a poco los huevos, luego agregar la ralladura de limón y la esencia de vainilla. Mezclar la harina, el polvo para hornear, el bicarbonato y la sal y agregar a la mezcla alternando con el suero de leche. Batir bien hasta que quede suave. Vierte la mezcla en dos moldes para pastel (moldes para hornear) de 23 cm / 9 engrasados y enharinados y hornea en horno precalentado a 180 °C / 350 °F / gas 4 durante 25 minutos, hasta que estén firmes al tacto. Deje enfriar en moldes durante 5 minutos para terminar de enfriar antes de colocar sobre una rejilla. Cuando se enfríe, haz un sándwich junto con el relleno de limón.

Pastel caribeño de ron y jengibre

Rinde un pastel de 20 cm / 8

50 g / 2 oz / ¼ taza de mantequilla o margarina

120 ml / 4 fl oz / ½ taza de melaza (melaza)

1 huevo, ligeramente batido

60 ml / 4 cucharadas de ron

100 g / 4 oz / 1 taza de harina con levadura (autoleudante)

10 ml / 2 cucharaditas de jengibre en polvo

75 g / 3 oz / 1/3 taza de azúcar moreno suave

25 g / 1 oz de jengibre confitado (confitado), picado

Derretir mantequilla o margarina con melaza a fuego lento y dejar enfriar un poco. Combine los ingredientes restantes y haga una masa suave. Vierte en un molde para hornear de 20cm / 8 aros engrasado y forrado y coloca en el horno precalentado a 200°C / 400°F / gas número 6 durante 20 minutos hasta que haya subido bien y esté firme al tacto.

tarta sacher

Rinde un pastel de 20 cm / 8

200 g / 7 oz / 1¾ tazas de chocolate suave (semidulce)

8 huevos, separados

100 g / 4 oz / ½ taza de mantequilla sin sal (dulce), derretida

2 claras de huevo

un poco de sal

150 g / 5 oz / 2/3 taza de azúcar glass (muy fina)

Unas gotas de esencia de vainilla (extracto)

100 g / 4 oz / 1 taza de harina común (para todo uso)

                Para la cobertura (glaseado):
150 g / 5 oz / 1 ¼ tazas de chocolate suave (semidulce)

250 ml / 8 fl oz / 1 taza de crema natural (light)

175 g / 6 oz / ¾ taza de azúcar glass (muy fina)

Unas gotas de esencia de vainilla (extracto)

1 huevo batido

100 g / 4 oz / 1/3 taza de mermelada de albaricoque (enlatada), tamizada (colada)

Derrita el chocolate en un recipiente resistente al calor sobre una cacerola con agua hirviendo. Alejar del calor. Batir ligeramente las yemas con la mantequilla y añadir el chocolate derretido. Batir las claras y la sal hasta que se formen picos firmes, agregar poco a poco el azúcar y el extracto de vainilla y seguir batiendo hasta que se formen picos firmes. Incorpora poco a poco la mezcla de chocolate y luego agrega la harina. Vierte la mezcla en dos moldes para pastel de 20cm / 8 engrasados y forrados y hornea en horno precalentado a 180°C / 350°F / gas 4 durante 45 minutos, hasta que al insertar una brocheta en el centro salga limpia. Desmoldar sobre una rejilla y dejar enfriar.

Para hacer el glaseado, derrite el chocolate con la nata, el azúcar y la esencia de vainilla a fuego lento hasta que estén bien combinados, luego cocina por 5 minutos sin revolver. Mezclar unas cucharadas de la mezcla de chocolate con el huevo, agregar al chocolate y cocinar por 1 minuto, revolviendo constantemente. Retirar del fuego y dejar enfriar a temperatura ambiente.

Cubrir las tartas con mermelada de albaricoque. Cubre todo el bizcocho con glaseado de chocolate y alisa la superficie con una espátula o espátula. Dejar enfriar y refrigerar unas horas hasta que cuaje el glaseado.

pastel de ron caribeño

Rinde un pastel de 20 cm / 8

450 g / 1 lb / 22/3 tazas de frutos secos mixtos (mezcla para pastel de frutas)

225 g / 8 oz / 11/3 tazas de pasas (pasas doradas)

100 g / 4 oz / 2/3 taza de pasas

100 g / 4 oz / 2/3 taza de grosellas

50 g / 2 oz / ¼ taza de cerezas glaseadas (confitadas)

300 ml / ½ pt / 1¼ tazas de vino tinto

225 g / 8 oz / 1 taza de mantequilla o margarina, ablandada

225 g / 8 oz / 1 taza de azúcar moreno suave

5 huevos, ligeramente batidos

10 ml / 2 cucharaditas de melaza negra (melaza)

225 g / 8 oz / 2 tazas de harina común (para todo uso)

50 g / 2 oz / ½ taza de almendras molidas

5 ml / 1 cucharadita de canela en polvo

5 ml / 1 cucharadita de nuez moscada rallada

5 ml / 1 cucharadita de esencia de vainilla (extracto)

300 ml / ½ punto / 1¼ tazas de ron

Poner toda la fruta y el vino en la cacerola y llevar a ebullición. Reducir el fuego a bajo, tapar y dejar reposar 15 minutos, luego retirar del fuego y enfriar. Batir la mantequilla o margarina y el azúcar hasta que esté suave y esponjoso y mezclar gradualmente con los huevos y la melaza. Combina los ingredientes secos. Agrega la mezcla de frutas, la esencia de vainilla y 45 ml / 3 cucharadas de ron. Vierta en un molde de 20 cm / 8 pulgadas engrasado y forrado y colóquelo en un horno precalentado a 160 ° C / 325 ° F / marca de gas 3 durante 3 horas, hasta que haya subido bien y al insertar una brocheta en el centro, éste salga limpio. . Deje enfriar en el molde durante 10 minutos, luego colóquelo sobre una rejilla para terminar de enfriar. Perfora la parte superior del bizcocho con una brocheta fina y vierte el ron restante encima. Envolver en papel de aluminio y dejar madurar el mayor tiempo posible.

pastel de mantequilla danés

Rinde un pastel de 23 cm / 9

225 g / 8 oz / 1 taza de mantequilla o margarina, cortada en cubos

175 g / 6 oz / 1 ½ tazas de harina común (para todo uso)

40 g / 1½ oz de levadura fresca o 60 ml / 4 cucharadas de levadura seca

15 ml / 1 cucharada de azúcar granulada

1 huevo batido

½ cantidad de relleno de crema danesa

60 ml / 4 cucharadas de azúcar glass, tamizada

45 ml / 3 cucharadas de grosellas

Ralla 100 g / 4 oz / ½ taza de mantequilla o margarina con la harina. Batir la levadura y el azúcar granulada, añadir a la harina y la mantequilla con el huevo y batir hasta formar una masa suave. Cubrir y dejar en un lugar cálido durante aproximadamente 1 hora hasta que duplique su tamaño.

Transfiera a una tabla enharinada y mezcle bien. Estirar un tercio de la masa y colocarla en el fondo de un molde para pasteles engrasado (23 cm / 9) con el fondo suelto (molde para hornear). Extender el relleno de crema sobre la masa.

Extienda la masa restante hasta formar un rectángulo de unos 5 mm / ¼ de grosor. Batir la mantequilla o margarina restante con el azúcar en polvo y mezclar con las grosellas. Extender sobre la masa, dejar un hueco en los bordes y enrollar la masa por el lado corto. Cortar en rodajas y colocar sobre el relleno de nata. Tapar y dejar reposar en un lugar cálido durante aproximadamente 1 hora. Hornee en un horno de gas precalentado a 230 °C/450 °F, marca 8, durante 25 a 30 minutos, hasta que haya subido bien y esté dorado por encima.

pastel danés de cardamomo

Rinde un pastel de 900 g / 2 lb

225 g / 8 oz / 1 taza de mantequilla o margarina, ablandada

225 g / 8 oz / 1 taza de azúcar glass (muy fina)

3 huevos

350 g / 12 oz / 3 tazas de harina común (para todo uso)

10 ml / 2 cucharaditas de levadura en polvo

10 semillas de cardamomo, molidas

150 ml / ¼ pt / 2/3 taza de leche

45 ml / 3 cucharadas de pasas

45 ml / 3 cucharadas de piel mixta picada (confitada)

Batir la mantequilla o margarina y el azúcar hasta que esté suave y esponjosa. Agrega poco a poco los huevos, batiendo bien después de cada adición. Mezclar la harina, la levadura en polvo y el cardamomo. Agrega poco a poco la leche, las pasas y la piel mixta. Transfiera a un molde para hornear de 900g / 2lb engrasado y forrado y hornee en horno precalentado a 190°C / 375°F / gas número 5 durante 50 minutos, hasta que al insertar una brocheta en el centro salga limpia.

Pastel de Pithiviers

Rinde una tarta de 25 cm / 10

100 g / 4 oz / ½ taza de mantequilla o margarina, ablandada

100 g / 4 oz / ½ taza de azúcar glass (muy fina)

1 huevo

1 yema

100 g / 4 oz / 1 taza de almendras molidas

30 ml / 2 cucharadas de ron

Hojaldre 400g

Para el glaseado:

1 huevo batido

30 ml / 2 cucharadas de azúcar glass

Batir la mantequilla o margarina y el azúcar hasta que esté suave y esponjosa. Agrega el huevo y la yema, agrega las almendras y el ron. Estirar la mitad de la masa (pasta) sobre una tabla enharinada y cortar en un círculo de 23 cm / 9 cm de diámetro. Colóquelo en una bandeja para hornear húmeda y extienda el relleno sobre la masa hasta 1 cm / ½ pulgada. Desde el borde. Estirar la masa restante y cortarla en un círculo de 25 cm / 10. Cortar un anillo de 1 cm / ½ pulgada desde el borde de este círculo. Cepille el borde de la base de masa con agua y presione el anillo alrededor del borde, presionando suavemente para que encaje. Pincelar con agua y presionar el segundo círculo encima, sellando los bordes. Sellar y rizar los bordes. Cepille la parte superior con un huevo batido y dibuje un patrón de cortes radiales en la parte superior con la hoja de un cuchillo. Hornear en horno precalentado a 220°C / 425°F / gas número 7 durante 30 minutos hasta que suba y esté dorado. Tamice el azúcar glass encima y hornee por 5 minutos más hasta que esté brillante. Servir tibio o frío.

Torta de reyes

Rinde un pastel de 18 cm / 7

250 g / 9 oz / 2 ¼ tazas de harina común (para todo uso)

5 ml / 1 cucharadita de sal

200 g / 7 oz / poco 1 taza de mantequilla sin sal (dulce), cortada en cubitos

175 ml / 6 fl oz / ¾ taza de agua

1 huevo

1 clara de huevo

Poner la harina y la sal en un bol y hacer un hueco en el medio. Agrega 75 g / 3 oz / 1/3 taza de mantequilla, agua y huevo entero y mezcla hasta tener una masa suave. Tapar y dejar reposar durante 30 minutos.

Extienda la masa sobre una tabla enharinada formando un rectángulo largo. Espolvorea dos tercios de la masa con un tercio de la mantequilla restante. Dobla la masa descubierta sobre la mantequilla, luego dobla el resto de la masa encima. Sella los bordes y refrigera por 10 minutos. Estirar nuevamente la masa y repetir con la mitad de la mantequilla restante. Deje enfriar, abra y agregue la mantequilla restante, luego refrigere por los últimos 10 minutos.

Enrollar la masa formando un círculo de 2,5 cm de espesor / 1 con un diámetro de unos 18 cm / 7. Colocar en una bandeja de horno engrasada, untar con clara de huevo y dejar reposar 15 minutos. Hornear en horno precalentado a 180°C/350°F/gas número 4 durante 15 minutos hasta que estén bien leudados y dorados.

crema de caramelo

Rinde un pastel de 15 cm / 6

Para caramelo:

100 g / 4 oz / ½ taza de azúcar glass (muy fina)

150 ml / ¼ pt / 2/3 taza de agua

Para la crema:

600 ml / 1 punto / 2½ tazas de leche

4 huevos, ligeramente batidos

15 ml / 1 cucharada de azúcar granulada (muy fina)

1 naranja

Para hacer caramelo, coloca el azúcar y el agua en una cacerola pequeña y disuelve a fuego lento. Deje hervir y luego cocine sin revolver durante unos 10 minutos hasta que el almíbar adquiera un color marrón oscuro. Vierta en una fuente para soufflé de 15 cm / 6 cm de diámetro e inclínela para que el caramelo corra por el fondo.

Para preparar la nata, calentar la leche, verter los huevos y el azúcar y batir bien. Vierta en un bol. Coloque el recipiente en una fuente para hornear (bandeja para hornear) llena con agua caliente hasta la mitad de los lados del recipiente. Hornee en un horno precalentado a 325 °F/170 °C/termostato de gas 3 durante 1 hora hasta que cuaje. Deje enfriar antes de transferirlo a un plato para servir. Pela y corta la naranja en rodajas horizontales, luego corta cada rodaja por la mitad. Disponer alrededor del caramelo para decorar.

Gugelhopf

Rinde un pastel de 20 cm / 8

25 g / 1 oz de levadura fresca o 40 ml / 2 ½ cucharadas de levadura seca

120 ml / 4 fl oz / ½ taza de leche tibia

100 g / 4 oz / 2/3 taza de pasas

15 ml / 1 cucharada de ron

450 g / 1 lb / 4 tazas de harina para todo uso (pan)

5 ml / 1 cucharadita de sal

Una pizca de nuez moscada rallada

100 g / 4 oz / ½ taza de azúcar glass (muy fina)

Ralladura de 1 limón

175 g / 6 oz / ¾ taza de mantequilla o margarina, ablandada

3 huevos

100 g / 4 oz / 1 taza de almendras blanqueadas

azúcar en polvo para espolvorear

Batir la levadura con un poco de leche tibia y dejar en un lugar cálido durante 20 minutos, hasta que se forme espuma. Poner las pasas en un bol, espolvorear con ron y dejarlas en remojo. Poner en un bol la harina, la sal y la nuez moscada y añadir el azúcar y la ralladura de limón. Hacer un hueco en el centro, verter la levadura, el resto de la leche, la mantequilla o margarina y los huevos y trabajar la masa. Colocar en un recipiente engrasado, cubrir con film transparente (plástico) engrasado y dejar en un lugar cálido durante 1 hora hasta que duplique su tamaño. Untar con mantequilla generosamente un gugelhopf (lata tubular ranurada) de 20 cm / 8 y colocar almendras alrededor de la base. Mezcle las pasas y el ron con la masa con levadura y mezcle bien. Vierte la mezcla en el molde, tapa y deja en un lugar cálido durante 40 minutos, hasta que la masa casi haya duplicado su volumen y llegue a la parte superior del molde. Hornea en horno precalentado a 200°C/400°F/Gas 6 durante 45 minutos, hasta que al insertar un palillo en el centro salga limpio. Al final de la cocción, cubrir con una doble capa de papel pergamino (encerado) si el bizcocho se dora demasiado. Desenvolver y dejar enfriar, luego espolvorear con azúcar glass.

Chocolate de lujo Gugelhopf

Rinde un pastel de 20 cm / 8

25 g / 1 oz de levadura fresca o 40 ml / 2 ½ cucharadas de levadura seca

120 ml / 4 fl oz / ½ taza de leche tibia

50 g / 2 oz / 1/3 taza de pasas

50 g / 2 oz / 1/3 taza de grosellas

25 g / 1 oz / 3 cucharadas de cáscara mixta picada (confitada)

15 ml / 1 cucharada de ron

450 g / 1 lb / 4 tazas de harina para todo uso (pan)

5 ml / 1 cucharadita de sal

5 ml / 1 cucharadita de pimienta de Jamaica molida

Una pizca de jengibre en polvo

100 g / 4 oz / ½ taza de azúcar glass (muy fina)

Ralladura de 1 limón

175 g / 6 oz / ¾ taza de mantequilla o margarina, ablandada

3 huevos

En el techo:

60 ml / 4 cucharadas de mermelada de albaricoque (enlatada), tamizada (colada)

30 ml / 2 cucharadas de agua

100 g / 4 oz / 1 taza de chocolate liso (semidulce)

50 g / 2 oz / ½ taza de almendras blanqueadas (en rodajas), tostadas

Batir la levadura con un poco de leche tibia y dejar en un lugar cálido durante 20 minutos, hasta que se forme espuma. Poner las pasas, las pasas y las pieles mixtas en un bol, rociar con ron y remojar. Poner en un bol la harina, la sal y la pimienta y añadir el azúcar y la ralladura de limón. Hacer un agujero en el centro, verter la levadura, el resto de la leche y los huevos y trabajar la masa. Colocar en un recipiente engrasado, cubrir con film transparente (plástico) engrasado y dejar en un lugar cálido durante 1 hora hasta que duplique su tamaño. Mezcle la fruta y el ron con la masa con levadura y mezcle bien. Pasar la masa a un molde de gugelhopf de 20 cm/8 bien engrasado, tapar y dejar en un lugar cálido durante 40 minutos, hasta que la masa casi haya duplicado su tamaño y haya llegado a la parte superior del molde. Hornea en horno precalentado a 200°C/400°F/Gas 6 durante 45 minutos, hasta que al insertar un palillo en el centro salga limpio. Al final de la cocción, cubra el bizcocho con una doble capa de papel pergamino (encerado) si el bizcocho se dora demasiado. Desenrollar y dejar enfriar.

Calentar la mermelada con agua, mezclar hasta que quede suave. Untar con pastel. Derrita el chocolate en un recipiente resistente al calor sobre una cacerola con agua hirviendo. Untarlo sobre el bizcocho y esparcir las hojuelas de almendras sobre la base antes de que el chocolate se endurezca.

Robado

Rinde tres pasteles de 350 g / 12 oz

15 g / ½ oz de levadura fresca o 20 ml / 4 cucharaditas de levadura seca

15 ml / 1 cucharada de azúcar granulada (muy fina)

120 ml / 4 fl oz / ½ taza de agua caliente

25 g / 1 onza / ¼ taza de harina para todo uso (pan)

Para la masa de frutas:

450 g / 1 lb / 4 tazas de harina para todo uso (pan)

5 ml / 1 cucharadita de sal

75 g / 3 oz / 1/3 taza de azúcar demerara

1 huevo, ligeramente batido

225 g / 8 oz / 11/3 tazas de pasas

30 ml / 2 cucharadas de ron

50 g / 2 oz / 1/3 taza de cáscara mixta picada (confitada)

50 g / 2 oz / ½ taza de almendras molidas

5 ml / 1 cucharadita de canela en polvo

100 g / 4 oz / ½ taza de mantequilla o margarina derretida

175 g / 6 oz de pasta de almendras

Para el glaseado:

1 huevo, ligeramente batido

75 g / 3 oz / 1/3 taza de azúcar glass (muy fina)

90 ml / 6 cucharadas de agua

50 g / 2 oz / ½ taza de almendras blanqueadas (en rodajas)

azúcar en polvo para espolvorear

Para preparar la mezcla de levadura, mezcle la levadura y el azúcar con agua tibia y harina hasta formar una pasta. Dejar en un lugar cálido durante 20 minutos hasta que esté espumoso.

Para preparar la masa de frutas, poner en un bol harina y sal, añadir el azúcar y hacer un hueco en el medio. Agrega el huevo a la mezcla de levadura y mezcla hasta obtener una masa suave. Agregue las pasas, el ron, las cáscaras mixtas, las almendras molidas y la canela y mezcle hasta que quede suave. Colocar en un bol engrasado, cubrir con film transparente (plástico) engrasado y dejar en un lugar cálido durante 30 minutos.

Divida la masa en tercios y extiéndala formando rectángulos de aproximadamente 1 cm / ½ de espesor. Unte mantequilla encima. Divida la pasta de almendras en tercios y enrolle en forma de salchicha. Coloque uno en el centro de cada rectángulo y doble la masa por encima. Gire con la costura desde abajo y colóquelo en una bandeja para galletas engrasada. Pincelar con huevo, cubrir con film transparente (plástico) engrasado y dejar en un lugar cálido durante 40 minutos hasta que duplique su volumen.

Hornear en horno precalentado a 220°C/425°F/gas número 7 durante 30 minutos hasta que estén dorados.

Mientras tanto, hierve el azúcar y el agua durante 3 minutos hasta obtener un almíbar espeso. Unte la parte superior de cada estola con almíbar y espolvoree con hojuelas de almendras y azúcar en polvo.

Estola de almendra

Rinde dos panes de 450 g / 1 libra

15 g / ½ oz de levadura fresca o 20 ml / 4 cucharaditas de levadura seca

50 g / 2 oz / ¼ taza de azúcar glass (muy fina)

300 ml / ½ punto / 1¼ tazas de leche tibia

1 huevo

Ralladura de 1 limón

Una pizca de nuez moscada rallada

450 g / 1 lb / 4 tazas de harina común (para todo uso)

un poco de sal

100 g / 4 oz / 2/3 taza de cáscara mixta picada (confitada)

175 g / 6 oz / 1½ tazas de almendras picadas

50 g / 2 oz / ¼ taza de mantequilla o margarina derretida

75 g / 3 oz / ½ taza de azúcar en polvo (de repostería), tamizada, para espolvorear

Batir la levadura con 5 ml / 1 cucharadita de azúcar y un poco de leche tibia y dejar reposar 20 minutos en un lugar cálido hasta que esté espumosa. Batir el huevo con el resto del azúcar, la ralladura de limón y la nuez moscada, luego mezclar la levadura con la harina, la sal y el resto de la leche tibia y batir hasta formar una masa suave. Colocar en un bol engrasado, cubrir con film transparente (plástico) engrasado y dejar en un lugar cálido durante 30 minutos.

Mezclar la cáscara y las almendras, tapar nuevamente y dejar en un lugar cálido durante 30 minutos hasta que hayan duplicado su tamaño.

Divide la masa por la mitad. Enrolle la mitad en una lata de salchicha de 30 cm / 12. Presione el rollo en el centro para crear un hueco, luego doble un lado a lo largo y presione suavemente. Repita con la otra mitad. Colocar ambos en una bandeja para hornear galletas (galleta) engrasada y forrada, cubrir con film transparente (plástico) engrasado y dejar en un lugar cálido durante 25 minutos hasta que duplique su tamaño. Hornea en horno precalentado a 200°C/400°F/gas 6 durante 1 hora, hasta que estén dorados y al insertar un palillo en el centro éste salga limpio. Unte generosamente los panecillos calientes con mantequilla derretida y espolvoree con azúcar en polvo.

Stollen de pistacho

Rinde dos panes de 450 g / 1 libra

15 g / ½ oz de levadura fresca o 20 ml / 4 cucharaditas de levadura seca

50 g / 2 oz / ¼ taza de azúcar glass (muy fina)

300 ml / ½ punto / 1¼ tazas de leche tibia

1 huevo

Ralladura de 1 limón

Una pizca de nuez moscada rallada

450 g / 1 lb / 4 tazas de harina común (para todo uso)

un poco de sal

100 g / 4 oz / 2/3 taza de cáscara mixta picada (confitada)

100 g / 4 oz / 1 taza de pistachos picados

100 g / 4 oz de pasta de almendras

15 ml / 1 cucharada de licor de marrasquino

50 g / 2 oz / 1/3 taza de azúcar glass, tamizada

En el techo:

50 g / 2 oz / ¼ taza de mantequilla o margarina derretida

75 g / 3 oz / ½ taza de azúcar en polvo (de repostería), tamizada, para espolvorear

Batir la levadura con 5 ml / 1 cucharadita de azúcar y un poco de leche tibia y dejar reposar 20 minutos en un lugar cálido hasta que esté espumosa. Batir el huevo con el resto del azúcar, la ralladura de limón y la nuez moscada, luego mezclar la levadura con la harina, la sal y el resto de la leche tibia y batir hasta formar una masa suave. Colocar en un bol engrasado, cubrir con film transparente (plástico) engrasado y dejar en un lugar cálido durante 30 minutos.

Triturar la mezcla de cáscara y pistachos, tapar nuevamente y dejar en un lugar cálido durante 30 minutos hasta que doble su tamaño. Hacer una pasta de pasta de almendras, licor y azúcar glass, estirar hasta obtener un espesor de 1 cm / ½ y cortar en cubos. Recoge la masa para que los cubos queden enteros.

Divide la masa por la mitad. Enrolle la mitad en una lata de salchicha de 30 cm / 12. Presione el rollo en el centro para crear un hueco, luego doble un lado a lo largo y presione suavemente. Repita con la otra mitad. Colocar ambos en una bandeja para hornear galletas (galleta) engrasada y forrada, cubrir con film transparente (plástico) engrasado y dejar en un lugar cálido durante 25 minutos hasta que duplique su tamaño. Hornea en horno precalentado a 200°C/400°F/gas 6 durante 1 hora, hasta que estén dorados y al insertar un palillo en el centro éste salga limpio. Unte generosamente los panecillos calientes con mantequilla derretida y espolvoree con azúcar en polvo.

baklava

hace 24 años

450 g / 1 lb / 2 tazas de azúcar glass (muy fina)

300 ml / ½ pt / 1 ¼ tazas de agua

5 ml / 1 cucharadita de jugo de limón

30 ml / 2 cucharadas de agua de rosas

350 g / 12 oz / 1 ½ tazas de mantequilla sin sal (dulce), derretida

450 g / 1 lb de masa filo (pasta)

675 g / 1½ lb / 6 tazas de almendras, finamente picadas

Para hacer el almíbar, disuelve el azúcar en el agua a fuego lento y revuelve de vez en cuando. Agrega el jugo de limón y deja hervir. Cocine por 10 minutos hasta que esté almibarado, luego agregue el agua de rosas y deje enfriar, luego refrigere.

Engrase una fuente para hornear grande con mantequilla derretida. Coloque la mitad de las rebanadas en el molde, unte cada una con mantequilla. Dobla los bordes para sujetar el relleno. Espolvorea almendras encima. Continúe esparciendo la masa restante, untando cada hoja con mantequilla derretida. Untar generosamente la superficie con mantequilla. Cortar la masa en pastillas de unos 5 cm / 2 cm de ancho. Hornee en un horno precalentado a 180 °C/350 °F/termostato 4 durante 25 minutos hasta que esté crujiente y dorado. Vierte el almíbar frío encima y déjalo enfriar.

El estrés húngaro se arremolina

Hace 16 años

25 g / 1 oz de levadura fresca o 40 ml / 2 ½ cucharadas de levadura seca

15 ml / 1 cucharada de azúcar moreno fino

300 ml / ½ punto / 1¼ tazas de agua tibia

15 ml / 1 cucharada de mantequilla o margarina

450 g / 1 lb / 4 tazas de harina integral (integral)

15 ml / 1 cucharada de leche en polvo (leche desnatada en polvo)

5 ml / 1 cucharadita de pimienta molida (tarta de manzana)

2,5 ml / ½ cucharadita de sal

1 huevo

175 g / 6 oz / 1 taza de grosellas

100 g / 4 oz / 2/3 taza de pasas (pasas doradas)

50 g / 2 oz / 1/3 taza de pasas

50 g / 2 oz / 1/3 taza de cáscara mixta picada (confitada)

En el techo:

75 g / 3 oz / ¾ taza de harina integral (integral)

50 g / 2 oz / ¼ taza de mantequilla o margarina derretida

75 g / 3 oz / 1/3 taza de azúcar moreno suave

25 g / 1 oz / ¼ taza de semillas de sésamo

Para el llenado:

50 g / 2 oz / ¼ taza de azúcar moreno blando

50 g / 2 oz / ¼ taza de mantequilla o margarina, ablandada

50 g / 2 oz / ½ taza de almendras molidas

2,5 ml / ½ cucharadita de nuez moscada rallada

25 g / 2 oz / 1/3 taza de ciruelas pasas (sin hueso) picadas

1 huevo batido

Mezclar la levadura y el azúcar con un poco de agua tibia y dejar en un lugar cálido durante 10 minutos hasta que esté espumoso. Mezclar la mantequilla o margarina con la harina, agregar la leche en polvo, mezclar las especias y la sal y hacer un hueco en el medio. Agrega el huevo, la mezcla de levadura y el resto del agua tibia y mezcla hasta que se forme una masa. Amasar hasta que esté suave y elástica. Triturar las pasas, pasas, pasas y pieles mixtas. Colocar en un bol engrasado, cubrir con film transparente (plástico) engrasado y dejar en un lugar cálido durante 1 hora.

Mezcle los ingredientes del glaseado hasta que se desmorone. Para preparar el relleno, bate la mantequilla o margarina con el azúcar y agrega las almendras y la nuez moscada. Estire la masa hasta formar un rectángulo grande de aproximadamente 1/2 cm de grosor. Extienda el relleno y espolvoree con ciruelas pasas. Enrollar como un panecillo suizo (gelatina), pincelar los bordes con huevo para sellar. Córtelo en rodajas de 1/2 pulgada y colóquelas en una fuente para hornear poco profunda engrasada. Pincelar con huevo y espolvorear con la mezcla de cobertura. Tapar y dejar reposar en un lugar cálido durante 30 minutos. Hornear en horno precalentado a 220°C/425°F/Gas 7 durante 30 minutos.

Panfort

Rinde un pastel de 23 cm / 9

175 g / 6 oz / ¾ taza de azúcar granulada

175 g / 6 oz / ½ taza de miel pura

100 g / 4 oz / 2/3 taza de higos secos, picados

100 g / 4 oz / 2/3 taza de cáscara mixta picada (confitada)

50 g / 2 oz / ¼ taza de cerezas glaseadas (confitadas), picadas

50 g / 2 oz / ¼ taza de piña glaseada (confitada), picada

175 g / 6 oz / 1 ½ tazas de almendras blanqueadas, picadas en trozos grandes

100 g / 4 oz / 1 taza de nueces, picadas en trozos grandes

100 g / 4 oz / 1 taza de avellanas, picadas en trozos grandes

50 g / 2 oz / ½ taza de harina común (para todo uso)

25 g / 1 oz / ¼ taza de cacao (chocolate sin azúcar) en polvo

5 ml / 1 cucharadita de canela en polvo

Una pizca de nuez moscada rallada

15 ml / 1 cucharada de azúcar en polvo (glas) tamizada

Disolver el azúcar granulada en la miel en un cazo y poner a fuego lento. Llevar a ebullición y cocinar durante 2 minutos hasta obtener un almíbar espeso. Mezclar las frutas y las nueces y añadir la harina, el cacao y las especias. Agrega el almíbar. Vierta la mezcla en un molde para sándwiches engrasado de 23 cm / 9 pulgadas y forrado con papel de arroz. Hornee en horno precalentado a 180 °C/350 °F/termostato de gas 4 durante 45 minutos. Deje enfriar en la sartén durante 15 minutos, luego colóquelo sobre una rejilla para que se enfríe. Espolvorea con azúcar glass antes de servir.

Pastel de cinta de macarrones

Rinde un pastel de 23 cm / 9

300 g / 11 oz / 2¾ tazas de harina común (para todo uso)

50 g / 2 oz / ¼ taza de mantequilla o margarina derretida

3 huevos batidos

un poco de sal

225 g / 8 oz / 2 tazas de almendras picadas

200 g / 7 oz / poco 1 taza de azúcar glass (muy fina)

Ralladura y jugo de 1 limón

90 ml / 6 cucharadas de Kirsch

Poner la harina en un bol y hacer un hueco en el medio. Agrega la mantequilla, el huevo y la sal y bate hasta obtener una masa suave. Estirar bien y cortar en tiras estrechas. Mezclar las almendras, el azúcar y la ralladura de limón. Engrase y enharine un molde para pastel (molde para hornear) de 23 cm / 9 pulgadas. Coloca una capa de cintas de masa en el fondo del molde, espolvorea con un poco de mezcla de almendras y espolvorea con un poco de cereza. Continuar untando y terminar con una capa de fideos. Cubrir con papel pergamino (encerado) y hornear a 180°C/350°F/gas 4 durante 1 hora. Dale forma con cuidado y sírvelo tibio o frío.

Pastel de arroz italiano con Grand Marnier

Rinde un pastel de 20 cm / 8

1,5 litros / 2½ puntos / 6 tazas de leche

un poco de sal

350 g / 12 oz / 1 ½ tazas de arroz arborio u otro arroz de grano medio

Ralladura de 1 limón

60 ml / 4 cucharadas de azúcar granulada (muy fina)

3 huevos

25 g / 1 oz / 2 cucharadas de mantequilla o margarina

1 yema

30 ml / 2 cucharadas de piel mixta picada (confitada)

225 g / 8 oz / 2 tazas de almendras fileteadas (en hojuelas), tostadas

45 ml / 3 cucharadas de Grand Marnier

30 ml / 2 cucharadas de pan rallado seco

Hierva la leche y la sal en una cacerola pesada, agregue el arroz y la ralladura de limón, tape y cocine por 18 minutos, revolviendo ocasionalmente. Retirar del fuego y añadir el azúcar, los huevos y la mantequilla o margarina y dejar enfriar. Agregue la yema, la masa mixta, las nueces y el Grand Marnier. Engrase un molde para pasteles de 20 cm de diámetro (molde para hornear) y espolvoree con pan rallado. Vierta la mezcla en el molde y hornee en el horno precalentado a 150°C / 300°F / marca 2 durante 45 minutos, hasta que al insertar una brocheta en el centro, éste salga limpio. Dejar enfriar en el molde, desmoldar y servir caliente.

bizcocho siciliano

Rinde un pastel de 23 x 9 cm / 7 x 3½
Pastel de Madeira 450 g / 1 libra

Para el llenado:
450 g / 1 lb / 2 tazas de queso ricotta

50 g / 2 oz / ¼ taza de azúcar glass (muy fina)

30 ml / 2 cucharadas de nata doble (espesa)

30 ml / 2 cucharadas de piel mixta picada (confitada)

15 ml / 1 cucharada de almendras picadas

30 ml / 2 cucharadas de licor sabor naranja

50 g / 2 oz / ½ taza de chocolate suave (semidulce), rallado

Para la cobertura (glaseado):
350 g / 12 oz / 3 tazas de chocolate suave (semidulce)

175 ml / 6 fl oz / ¾ taza de café negro fuerte

225 g / 8 oz / 1 taza de mantequilla (dulce) o margarina sin sal

Cortar el bizcocho a lo largo en rodajas de 1/2 cm. Para preparar el relleno, colar la ricota por un colador y batir hasta que quede suave. Agrega el azúcar, la nata, las costras mixtas, las almendras, el licor y el chocolate. Coloque las capas de bizcocho y la mezcla de ricotta en un molde (450 g / 1 lb) forrado con papel de aluminio y termine con la capa de bizcocho. Doble el papel de aluminio por encima y refrigere durante 3 horas hasta que esté firme.

Para hacer el glaseado, derrita el chocolate y el café en un recipiente resistente al calor colocado sobre una olla con agua hirviendo. Agrega mantequilla o margarina y continúa batiendo hasta obtener una mezcla homogénea. Dejar enfriar hasta que espese.

Retire el bizcocho del papel de aluminio y colóquelo en un plato. Espolvoree o cepille la parte superior y los lados del pastel con glaseado y use un tenedor para tallar patrones según sea necesario. Deje enfriar hasta que esté sólido.

pastel italiano de ricota

Rinde una tarta de 25 cm / 10

Para la salsa:

Frambuesas 225 g

250 ml / 8 fl oz / 1 taza de agua

50 g / 2 oz / ¼ taza de azúcar glass (muy fina)

30 ml / 2 cucharadas de harina de maíz (almidón de maíz)

Para el llenado:

450 g / 1 lb / 2 tazas de queso ricotta

225 g / 8 oz / 1 taza de queso crema

75 g / 3 oz / 1/3 taza de azúcar glass (muy fina)

5 ml / 1 cucharadita de esencia de vainilla (extracto)

Ralladura de 1 limón

Piel rallada de 1 naranja

Una tarta de ángel de 25 cm / 10

Para hacer la salsa, mezcle los ingredientes hasta que quede suave, luego vierta en una cacerola pequeña y cocine a fuego medio, revolviendo, hasta que la salsa espese y hierva. Cuele y deseche las semillas si lo desea. Cubra y refrigere.

Para hacer el relleno, bate todos los ingredientes hasta que estén bien combinados.

Cortar el bizcocho de forma horizontal en tres capas y cubrirlas con dos tercios del relleno y esparcir el resto por encima. Cubra y refrigere hasta servir con la salsa vertida por encima.

Pastel italiano de fideos

Rinde un pastel de 23 cm / 9

225 g / 8 oz de fideos

4 huevos separados

200 g / 7 oz / poco 1 taza de azúcar glass (muy fina)

225 g de queso ricota

2,5 ml / ½ cucharadita de canela en polvo

2,5 ml / ½ cucharadita de clavo molido

un poco de sal

50 g / 2 oz / ½ taza de harina común (para todo uso)

50 g / 2 oz / 1/3 taza de pasas

45 ml / 3 cucharadas de miel pura

Crema simple (ligera) o doble (pesada) para servir

Ponga a hervir agua en una olla grande, agregue la pasta y cocine por 2 minutos. Escurrir y lavar en agua fría. Batir las yemas con el azúcar hasta formar una crema ligera y esponjosa. Agrega la ricota, la canela, el clavo y la sal y agrega la harina. Agregue las pasas y la pasta. Batir las claras hasta obtener picos suaves y luego mezclarlas con la mezcla del pastel. Verter en un molde para bizcocho engrasado y relleno de 23 cm / 9 de diámetro y hornear en horno precalentado a una temperatura de 200 °C / 400 °F / gas 6 durante 1 hora hasta que esté dorado. Calienta la miel suavemente y viértela sobre el hot cake. Servir caliente con nata.

Tarta italiana de nueces y mascarpone

Rinde un pastel de 23 cm / 9

Hojaldre 450 g / 1 lb

175 g / 6 oz / ¾ taza de queso mascarpone

50 g / 2 oz / ¼ taza de azúcar glass (muy fina)

30 ml / 2 cucharadas de mermelada de albaricoque (lata)

3 yemas de huevo

50 g / 2 oz / ½ taza de nueces picadas

100 g / 4 oz / 2/3 taza de cáscara mixta picada (confitada)

Ralladura fina de 1 limón

Azúcar en polvo, tamizada, para espolvorear

Estirar la masa y colocar la mitad en una bandeja para horno engrasada de 23 cm / 9 engrasada. Batir el mascarpone con el azúcar, la mermelada y 2 yemas de huevo. Reserva 15 ml/1 cucharada de nueces para decoración y mezcla el resto con la piel y ralladura de limón. Colocar en un molde para pastel. Cubrir el relleno con la masa restante (pasta), humedecer y sellar los bordes. Batir el resto de la yema y esparcirla. Hornee en horno precalentado a 200°C/400°F/gas número 6 durante 35 minutos hasta que suba y esté dorado. Espolvorea con las nueces reservadas y espolvorea con azúcar glass.

Pastel de manzana holandesa

Sirve 8

150 g / 5 oz / 2/3 taza de mantequilla o margarina

225 g / 8 oz / 2 tazas de harina común (para todo uso)

5 ml / 1 cucharadita de levadura en polvo

2 huevos separados

10 ml / 2 cucharaditas de jugo de limón

900 g / 2 lb de manzanas cocidas (pastel), peladas, sin corazón y cortadas en rodajas

175 g / 6 oz / 1 taza de orejones ya preparados, en cuartos

100 g / 4 oz / 2/3 taza de pasas

30 ml / 2 cucharadas de agua

5 ml / 1 cucharadita de canela en polvo

50 g / 2 oz / ½ taza de almendras molidas

Frote la mantequilla o margarina con la harina y la levadura hasta que la mezcla parezca pan rallado. Agrega las yemas de huevo y 5 ml / 1 cucharadita de jugo de limón y mezcla hasta que quede suave. Estirar dos tercios de la masa y forrar un molde para tartas engrasado de 23 cm.

Coloca las rodajas de manzana, albaricoque y pasas en una cacerola con el resto del jugo de limón y el agua. Cocine a fuego lento durante 5 minutos y escurra. Colocar la fruta en el molde de repostería. Mezclar la canela con las almendras molidas y espolvorear por encima. Estirar el resto de la masa y hacer una tapa para el bizcocho. Sellar el borde con un poco de agua y pincelar la parte superior con clara de huevo. Hornee en horno precalentado a 180°C/350°F/gas número 4 durante unos 45 minutos, hasta que esté firme y dorado.

Pastel sencillo noruego

Rinde una tarta de 25 cm / 10

225 g / 8 oz / 1 taza de mantequilla o margarina, ablandada

275 g / 10 oz / 1 ¼ tazas de azúcar glass (muy fina)

5 huevos

175 g / 6 oz / 1 ½ tazas de harina común (para todo uso)

7,5 ml / 1 ½ cucharaditas de levadura en polvo

un poco de sal

5 ml / 1 cucharadita de esencia de almendras (extracto)

Batir la mantequilla o margarina y el azúcar hasta que estén bien combinados. Agrega poco a poco los huevos, batiendo bien después de cada adición. Mezclar la harina, el polvo para hornear, la sal y la esencia de almendras hasta que quede suave. Transfiera a un molde para pastel sin engrasar de 25 cm / 10 cm de diámetro y hornee en horno precalentado a 160 °C / 320 °F / gas número 3 durante 1 hora, hasta que esté firme al tacto. Deje enfriar en el molde durante 10 minutos antes de colocarlo sobre una rejilla.

Kransekake noruego

Rinde una tarta de 25 cm / 10

450 g / 1 lb / 4 tazas de almendras molidas

100 g / 4 oz / 1 taza de almendras amargas molidas

450 g / 1 libra / 22/3 tazas de azúcar glass

3 claras de huevo

Para la cobertura (glaseado):
75 g / 3 oz / ½ taza de azúcar glass (caramelo)

½ clara de huevo

2,5 ml / ½ cucharadita de jugo de limón

Mezcle las almendras y el azúcar en polvo en una cacerola. Agrega la clara de huevo y coloca la mezcla a fuego lento hasta que esté tibia. Retire del fuego y agregue las claras de huevo restantes. Vierta la mezcla en una manga pastelera provista de una punta estriada de 1 cm / ½ pulgada. Y tubo de 25 cm / 10 pulgadas. En promedio, para una bandeja para hornear engrasada (galleta). Continúe en espirales, de 5 mm / ¼ de pulgada cada una. Más pequeño que el anterior hasta tener 5 cm/2 en el círculo. Hornee en un horno precalentado a 150 °C/300 °F/termostato 2 durante unos 15 minutos hasta que se dore ligeramente. Mientras aún están calientes, apílalos uno encima del otro para formar una torre.

Mezcle los ingredientes del glaseado y use una boquilla fina para hacer zigzag sobre el pastel.

pasteles de coco portugueses

Hace 12 años

4 huevos separados

450 g / 1 lb / 2 tazas de azúcar glass (muy fina)

450 g / 1 lb / 4 tazas de coco rallado (rallado)

100 g / 4 oz / 1 taza de harina de arroz

50 ml / 2 fl oz / 3 ½ cucharadas de agua de rosas

1,5 ml / ¼ cucharadita de canela molida

1,5 ml / ¼ cucharadita de cardamomo molido

Una pizca de clavo molido

Una pizca de nuez moscada rallada

25 g / 1 oz / ¼ taza de almendras blanqueadas (en rodajas)

Batir las yemas con el azúcar hasta obtener una crema clara. Agrega el coco y agrega la harina. Agrega agua de rosas y especias. Batir las claras hasta que se formen picos rígidos y mezclar con la mezcla. Vierte en un molde cuadrado de 25 cm / 10 cm engrasado y espolvorea con almendras. Hornee en el horno precalentado a 180 °C/350 °F/termostato de gas 4 durante 50 minutos, hasta que al insertar una brocheta en el centro, éste salga limpio. Deje enfriar en el molde durante 10 minutos y luego córtelo en cuadritos.

Pastel escandinavo Tosca

Rinde un pastel de 23 cm / 9

2 huevos

150 g / 5 oz / 2/3 taza de azúcar moreno blando

50 g / 2 oz / ¼ taza de mantequilla o margarina derretida

10 ml / 2 cucharaditas de piel de naranja rallada

150 g / 5 oz / 1 ¼ tazas de harina común (para todo uso)

7,5 ml / 1 ½ cucharaditas de levadura en polvo

60 ml / 4 cucharadas de nata doble (espesa)

En el techo:
50 g / 2 oz / ¼ taza de mantequilla o margarina

50 g / 2 oz / ¼ taza de azúcar glass (muy fina)

100 g / 4 oz / 1 taza de almendras picadas

15 ml / 1 cucharada de nata doble (espesa)

30 ml / 2 cucharadas de harina común (para todo uso)

Batir los huevos con el azúcar hasta obtener una crema ligera y esponjosa. Agrega la mantequilla o margarina y la ralladura de naranja, luego agrega la harina y el polvo para hornear. Añade la nata. Verter la mezcla en un molde para bizcocho engrasado y relleno de 23 cm / 9 cm de diámetro y meter al horno precalentado a 180 °C / 350 °C / gas 4 durante 20 minutos.

Para la cobertura, caliente los ingredientes en una cacerola, revuelva hasta que estén bien combinados y luego deje hervir. Vierta sobre el pastel. Aumente la temperatura del horno a 200 °C / 400 °F / marca de gas 6 y regrese el pastel al horno por 15 minutos más hasta que esté dorado.

Galletas Hertzog de Sudáfrica

Hace 12 años

75 g / 3 oz / ¾ taza de harina común (para todo uso)

15 ml / 1 cucharada de azúcar granulada (muy fina)

5 ml / 1 cucharadita de levadura en polvo

un poco de sal

40 g / 1½ oz / 3 cucharadas de mantequilla o margarina

1 yema de huevo grande

5 ml / 1 cucharadita de leche

Para el llenado:

30 ml / 2 cucharadas de mermelada de albaricoque (lata)

1 clara de huevo grande

100 g / 4 oz / ½ taza de azúcar glass (muy fina)

50 g / 2 oz / ½ taza de coco rallado (rallado)

Mezclar la harina, el azúcar, la levadura y la sal. Frote la mantequilla o margarina hasta que la mezcla parezca pan rallado. Agrega la yema de huevo y suficiente leche para hacer una masa suave. Mezclar bien. Estirar la masa sobre una tabla enharinada, cortarla en círculos con un cortador de galletas (galletas) y colocarla en las formas de hamburguesa engrasadas. Coloca una cucharada de mermelada en el centro de cada uno.

Para preparar el relleno, bata las claras a punto de nieve y luego agregue el azúcar hasta que estén firmes y brillantes. Agrega el coco. Vierte el relleno en los moldes (pies para tarta), asegurándote de cubrir la mermelada. Hornear en horno precalentado a 180 °C/350 °F/gas número 4 durante 20 minutos hasta que estén dorados. Deje enfriar en moldes durante 5 minutos para terminar de enfriar antes de colocar sobre una rejilla.

pastel vasco

Rinde una tarta de 25 cm / 10

Para el llenado:

50 g / 2 oz / ¼ taza de azúcar glass (muy fina)

25 g / 1 oz / ¼ taza de harina de maíz (maicena)

2 yemas de huevo

300 ml / ½ pt / 1¼ tazas de leche

½ vaina de vainilla (frijol)

Un poco de azúcar glass

Para el pastel:

275 g / 10 oz / 1¼ tazas de mantequilla o margarina, ablandada

175 g / 5 oz / ¼ taza de azúcar glass (muy fina)

3 huevos

5 ml / 1 cucharadita de esencia de vainilla (extracto)

450 g / 1 lb / 4 tazas de harina común (para todo uso)

10 ml / 2 cucharaditas de levadura en polvo

un poco de sal

15 ml / 1 cucharada de brandy

azúcar en polvo para espolvorear

Para preparar el relleno, bate la mitad del azúcar refinada con la maicena, las yemas de huevo y un poco de leche. Hierva el resto de la leche y el azúcar con la vaina de vainilla, luego vierta lentamente la mezcla de huevo y azúcar, batiendo constantemente. Llevar a ebullición y cocinar durante 3 minutos, revolviendo constantemente. Vierta en un bol, espolvoree con azúcar glass para evitar que se forme costra y deje enfriar.

Para hacer el bizcocho, bate la mantequilla o margarina y el azúcar glass hasta que esté suave y esponjoso. Agrega poco a poco los huevos y la esencia de vainilla, cucharadas de harina, levadura y sal alternativamente, luego agrega el resto de la harina. Transfiera la mezcla a una manga pastelera equipada con una boquilla normal de 1 cm / ½ en la punta (punta) y coloque la mitad de la mezcla en espiral en el fondo de un molde para pasteles engrasado y enharinado de 25 cm / 10 cm de diámetro (molde para hornear).). Encierra en un círculo la parte superior alrededor del borde para crear un borde que sostendrá el relleno. Deseche la vaina de vainilla del relleno, agregue el brandy y bata hasta que quede suave, luego rocíe la mezcla sobre el pastel. Enrolle el resto de la mezcla del pastel formando una espiral sobre la parte superior. Hornee en horno precalentado a 190°C / 375°F / marca de gas 5 durante 50 minutos hasta que estén dorados y firmes al tacto.

Pracito de almendras y queso crema

Rinde un pastel de 23 cm / 9

200 g / 7 oz / 1¾ tazas de mantequilla o margarina, ablandada

100 g / 4 oz / ½ taza de azúcar glass (muy fina)

1 huevo

200 g / 7 oz / escasa 1 taza de queso crema

5 ml / 1 cucharadita de jugo de limón

2,5 ml / ½ cucharadita de canela en polvo

75 ml / 5 cucharadas de brandy

90 ml / 6 cucharadas de leche

30 bizcochos bizcochos (galletas)

Para la cobertura (glaseado):

60 ml / 4 cucharadas de azúcar refinada

30 ml / 2 cucharadas de cacao en polvo (chocolate sin azúcar).

100 g / 4 oz / 1 taza de chocolate liso (semidulce)

60 ml / 4 cucharadas de agua

50 g / 2 oz / ¼ taza de mantequilla o margarina

100 g / 4 oz / 1 taza de almendras blanqueadas (en rodajas)

Batir la mantequilla o margarina y el azúcar hasta que esté suave y esponjosa. Agrega el huevo, el queso crema, el jugo de limón y la canela. Coloque una hoja grande de papel de aluminio sobre su superficie de trabajo. Mezclar brandy y leche. Sumerja 10 galletas en la mezcla de brandy y coloque dos galletas de alto y cinco de largo en la bandeja para hornear formando un rectángulo. Unte la mezcla de queso sobre las galletas. Remoja las galletas restantes en el brandy y la leche y colócalas encima de la mezcla para formar una forma triangular larga. Doblar el papel de aluminio y dejar toda la noche en el frigorífico.

Para hacer la cobertura, hierva el azúcar, el cacao, el chocolate y el agua en una cacerola pequeña y cocine por 3 minutos. Retirar del fuego y agregar mantequilla. Deja que se enfríe un poco. Retirar el papel aluminio del bizcocho y esparcir encima la mezcla de chocolate y triturar las almendras aún calientes. Colocar en el frigorífico hasta que cuaje.

Puerta de la Selva Negra

Rinde un pastel de 18 cm / 7

175 g / 6 oz / ¾ taza de mantequilla o margarina, ablandada

175 g / 6 oz / ¾ taza de azúcar glass (muy fina)

3 huevos, ligeramente batidos

150 g / 5 oz / 1 ¼ tazas de harina con levadura (autoleudante)

25 g / 1 oz / ¼ taza de cacao (chocolate sin azúcar) en polvo

10 ml / 2 cucharaditas de levadura en polvo

90 ml / 6 cucharadas de mermelada de cerezas (enlatada)

100 g / 4 oz / 1 taza de chocolate suave (semidulce), finamente rallado

400 g / 14 oz / 1 lata grande de cerezas negras, escurridas y reservadas para el jugo

150 ml / ¼ pt / 2/3 taza de crema doble (espesa), batida

10 ml / 2 cucharaditas de arrurruz

Batir la mantequilla o margarina y el azúcar hasta que esté suave y esponjosa. Agrega poco a poco los huevos y agrega la harina, el cacao y la levadura. Dividir la mezcla entre dos moldes para sándwich (formines) de 18cm / 7 engrasados y forrados y hornear en horno precalentado a 180°C / 350°F / gas número 4 durante 25 minutos, hasta que esté firme al tacto. Déjalo enfriar.

Cubrir las tartas con un poco de mermelada y esparcir el resto por los lados de la tarta. Presione el chocolate rallado sobre los lados del pastel. Coloca las cerezas encima de forma atractiva. Extiende la crema por el borde superior del bizcocho. Calentar las flechas con un poco de jugo de cereza y frotar la fruta para que cuaje.

Pastel de chocolate y almendras

Rinde un pastel de 23 cm / 9

100 g / 4 oz / 1 taza de chocolate liso (semidulce)

100 g / 4 oz / ½ taza de mantequilla o margarina, ablandada

150 g / 5 oz / 2/3 taza de azúcar glass (muy fina)

3 huevos, separados

50 g / 2 oz / ½ taza de almendras molidas

100 g / 4 oz / 1 taza de harina común (para todo uso)

Para el llenado:
225 g / 8 oz / 2 tazas de chocolate suave (semidulce)

300 ml / ½ punto / 1¼ tazas de crema doble (espesa)

75 g / 3 oz / ¼ taza de mermelada de frambuesa (enlatada)

Derrita el chocolate en un recipiente resistente al calor sobre una cacerola con agua hirviendo. Batir la mantequilla o margarina con el azúcar y añadir el chocolate y las yemas de huevo. Agrega las almendras molidas y la harina. Batir las claras hasta que se formen picos rígidos y mezclarlas con la mezcla. Vierta en un molde para pastel de 23 cm / 9 engrasado y forrado y hornee en horno precalentado a 100°C / 350°F / gas 4 durante 40 minutos hasta que esté firme al tacto. Déjalo enfriar y corta el bizcocho horizontalmente por la mitad.

Para hacer el relleno, derrita el chocolate y la nata en un recipiente resistente al calor sobre una olla con agua hirviendo. Mezcle hasta que quede suave, luego déjelo enfriar, revolviendo ocasionalmente. Cubrir los bizcochos con mermelada y la mitad de la crema de chocolate, esparcir el resto de la nata por la parte superior y los lados del bizcocho y reservar.

Tarta de queso y chocolate

Rinde un pastel de 23 cm / 9

Para la base:

25 g / 1 oz / 2 cucharadas de azúcar glass (muy fina)

175 g / 6 oz / 1 ½ tazas de galletas digestivas (galletas Graham)

75 g / 3 oz / 1/3 taza de mantequilla o margarina derretida

Para el llenado:

100 g / 4 oz / 1 taza de chocolate liso (semidulce)

300 g / 10 oz / 1 ¼ tazas de queso crema

3 huevos, separados

45 ml / 3 cucharadas de cacao en polvo (chocolate sin azúcar).

25 g / 1 onza / ¼ taza de harina común (para todo uso)

50 g / 2 oz / ¼ taza de azúcar moreno blando

150 ml / ¼ pt / 2/3 taza de crema agria (ácido láctico)

50 g / 2 oz / ¼ taza de azúcar glas (muy fina) para decorar:

100 g / 4 oz / 1 taza de chocolate liso (semidulce)

25 g / 1 oz / 2 cucharadas de mantequilla o margarina

120 ml / 4 fl oz / ½ taza de crema doble (espesa)

6 cerezas (confitadas)

Para hacer la base, mezcle el azúcar y el pan rallado con la mantequilla derretida y presione en el fondo y los lados de un molde engrasado de 23 cm / 9 (molde para hornear).

Para hacer el relleno, derrita el chocolate en un recipiente resistente al calor sobre una olla con agua hirviendo. Deja que se enfríe un poco. Batir el queso con las yemas, el cacao, la harina, el azúcar moreno y la nata y añadir el chocolate derretido. Batir las claras hasta que estén firmes, luego agregar el azúcar glass y volver a batir hasta que estén firmes y brillantes. Doblar la mezcla con una cuchara de metal y colocar sobre la base, nivelando la superficie. Hornee en el horno precalentado a 160 °C/325 °F/termostato de gas 3 durante 1,5 horas. Apagar el horno y dejar enfriar el bizcocho en el horno con la puerta entreabierta. Dejar enfriar hasta que esté sólido y desmoldar.

Para decorar, derrita el chocolate y la mantequilla o margarina en un recipiente resistente al calor colocado sobre una cacerola con agua hirviendo. Retirar del fuego y dejar enfriar un poco, luego agregar la crema. Mezclar el chocolate para el bizcocho en los moldes y decorar con cerezas.

Pastel de dulce de chocolate

Rinde un pastel de 20 cm / 8

75 g / 3 oz / ¾ taza de chocolate puro (semidulce), picado

200 ml / 7 fl oz / poco 1 taza de leche

225 g / 8 oz / 1 taza de azúcar moreno oscuro

75 g / 3 oz / 1/3 taza de mantequilla o margarina, ablandada

2 huevos, ligeramente batidos

2,5 ml / ½ cucharadita de esencia de vainilla (extracto)

150 g / 5 oz / 1 ¼ tazas de harina común (para todo uso)

25 g / 1 oz / ¼ taza de cacao (chocolate sin azúcar) en polvo

5 ml / 1 cucharadita de bicarbonato de sodio (bicarbonato de sodio)

                Para la cobertura (glaseado):
100 g / 4 oz / 1 taza de chocolate liso (semidulce)

100 g / 4 oz / ½ taza de mantequilla o margarina, ablandada

225 g / 8 oz / 11/3 tazas de azúcar en polvo (de repostería), tamizada

Copos de chocolate o rizos para decoración.

Derretir el chocolate, la leche y 75 g / 3 oz / 1/3 taza de azúcar en un cazo y dejar enfriar un poco. Batir la mantequilla y el azúcar restante hasta que esté suave y esponjosa. Incorpora poco a poco los huevos y el extracto de vainilla, luego agrega la mezcla de chocolate. Incorpora suavemente la harina, el cacao y el bicarbonato de sodio. Vierta la mezcla en dos moldes para sándwich de 20 cm/8 engrasados y forrados y hornee en el horno precalentado a 180 °C / 350 °F / gas 4 durante 30 minutos, hasta que esté elástico al tacto. Déjalo enfriar en los moldes por 3 minutos y luego métalo al horno para que se enfríe.

Para hacer el glaseado, derrita el chocolate en un recipiente resistente al calor sobre una olla con agua hirviendo. Batir la mantequilla o margarina con el azúcar hasta que esté espumosa y agregar el chocolate derretido. Cubre los pasteles con un tercio del glaseado y extiende el resto por la parte superior y los lados del pastel. Adorne la parte superior con hojuelas desmenuzadas o haga rizos raspando con un cuchillo afilado el costado del palito.

Pastel de algarroba y menta

Rinde un pastel de 20 cm / 8

3 huevos

50 g / 2 oz / ¼ taza de azúcar glass (muy fina)

75 g / 3 oz / 1/3 taza de harina con levadura (con levadura)

25 g / 1 oz / ¼ taza de algarroba en polvo

150 ml / ¼ pt / 2/3 taza de crema espesa

Unas gotas de esencia de menta (extracto)

50 g / 2 oz / ½ taza de nueces mixtas picadas

Batir los huevos hasta que estén claros. Agrega el azúcar y continúa hasta que la mezcla esté ligera y cremosa y el batidor se suelte en tiras. Esto puede tardar entre 15 y 20 minutos. Mezcle la harina y la algarroba en polvo y agregue la mezcla de huevo. Vierta en dos moldes para pastel de 20 cm / 18 cm engrasados y forrados y hornee en horno precalentado a 180 ° C / 350 ° F / gas número 4 durante 15 minutos hasta que esté elástico al tacto. Fresco.

Montar la nata hasta que esté suave, añadir la esencia y las nueces. Corta cada bizcocho por la mitad de forma horizontal y coloca todos los bizcochos junto con la crema agria.

Pastel con café helado

Rinde un pastel de 18 cm / 7

225 g / 8 oz / 1 taza de mantequilla o margarina

100 g / 4 oz / ½ taza de azúcar glass (muy fina)

2 huevos, ligeramente batidos

100 g / 4 oz / 1 taza de harina con levadura (autoleudante)

un poco de sal

30 ml / 2 cucharadas de esencia de café (extracto)

100 g / 4 oz / 1 taza de almendras blanqueadas (en rodajas)

225 g / 8 oz / 11/3 tazas de azúcar en polvo (de repostería), tamizada

Batir la mitad de la mantequilla o margarina y el azúcar en polvo hasta que esté suave y esponjoso. Agrega poco a poco los huevos, agrega la harina, la sal y 15 ml / 1 cucharada de esencia de café. Vierte la mezcla en dos moldes para sándwich de 18 cm / 7 cm engrasados y forrados y hornea en horno precalentado a 180°C / 350°F / gas 4 durante 25 minutos hasta que esté firme al tacto. Déjalo enfriar. Coloca las almendras en un molde (sartén) seco y coloca en el horno medio, agitando el molde constantemente, hasta que estén doradas.

Batir el resto de la mantequilla o margarina hasta que quede esponjosa y agregar poco a poco el azúcar glass y el resto de la esencia de café hasta obtener una consistencia untable. Cubrir las tortas con un tercio del glaseado (glaseado). Cepille los lados del pastel con la mitad restante del glaseado y presione las almendras tostadas en el glaseado. Extiende el resto sobre el bizcocho y dibuja patrones con un tenedor.

Ring Gâteau de café y nueces

Rinde un pastel de 23 cm / 9

Para el pastel:

15 ml / 1 cucharada de café instantáneo en polvo

15 ml / 1 cucharada de leche

100 g / 4 oz / 1 taza de harina con levadura (autoleudante)

5 ml / 1 cucharadita de levadura en polvo

100 g / 4 oz / ½ taza de mantequilla o margarina, ablandada

100 g / 4 oz / ½ taza de azúcar glass (muy fina)

2 huevos, ligeramente batidos

Para el llenado:

45 ml / 3 cucharadas de mermelada de albaricoque (enlatada), tamizada (colada)

15 ml / 1 cucharada de agua

10 ml / 2 cucharaditas de café instantáneo en polvo

30 ml / 2 cucharadas de leche

100 g / 4 oz / 2/3 taza de azúcar en polvo (de repostería), tamizada

50 g / 2 oz / ¼ taza de mantequilla o margarina, ablandada

50 g / 2 oz / ½ taza de nueces picadas

Para la cobertura (glaseado):

30 ml / 2 cucharadas de café instantáneo en polvo

90 ml / 6 cucharadas de leche

450 g / 1 lb / 22/3 tazas de azúcar glass (repostería), tamizada

50 g / 2 oz / ¼ taza de mantequilla o margarina

Unas cuantas mitades de nueces para decorar.

Para hacer el bizcocho, disuelva el café en la leche, mezcle con el resto de los ingredientes del bizcocho y bata hasta que esté bien combinado. Vierta en un molde redondo engrasado de 23 cm / 9 (molde tubular) y hornee en un horno precalentado a 160 ° C / 325 ° F / marca de gas 3 durante 40 minutos hasta que esté elástico al tacto. Deje enfriar en el molde durante 5 minutos, luego colóquelo sobre una rejilla para terminar de enfriar. Corta el bizcocho por la mitad de forma horizontal.

Para preparar el relleno, calienta la mermelada y el agua hasta que quede suave, luego cepilla las superficies cortadas del bizcocho. Disolver el café en la leche, mezclar el azúcar glass con la mantequilla o margarina y las nueces y batir hasta obtener una consistencia untable. Cubre ambas mitades del bizcocho con el relleno.

Para hacer la cobertura, disuelva el café en la leche en un recipiente resistente al calor colocado sobre una cacerola con agua hirviendo. Agrega el azúcar en polvo y la mantequilla o margarina y bate hasta que quede suave. Retirar del fuego y dejar enfriar y espesar hasta obtener una consistencia de cobertura, batiendo ocasionalmente. Poner el glaseado sobre el bizcocho, decorarlo con mitades de nueces y dejar endurecer.

Tarta de chocolate y pudín danés

Rinde un pastel de 23 cm / 9

4 huevos separados

175 g / 6 oz / 1 taza de azúcar en polvo (de repostería), tamizada

Ralladura de ½ limón

60 g / 2½ oz / 2/3 taza de harina común (para todo uso)

60 g / 2½ oz / 2/3 taza de harina de papa

2,5 ml / ½ cucharadita de levadura en polvo

Para el llenado:
45 ml / 3 cucharadas de azúcar granulada (muy fina)

15 ml / 1 cucharada de harina de maíz (almidón de maíz)

300 ml / ½ pt / 1¼ tazas de leche

3 yemas de huevo batidas

50 g / 2 oz / ½ taza de nueces mixtas picadas

150 ml / ¼ pt / 2/3 taza de crema doble (espesa)

En el techo:
100 g / 4 oz / 1 taza de chocolate liso (semidulce)

30 ml / 2 cucharadas de nata doble (espesa)

25 g / 1 oz / ¼ taza de chocolate blanco, rallado o picado en rizos

Batir las yemas con el azúcar glass y la ralladura de limón. Combine la harina y la levadura. Batir las claras hasta que se formen picos rígidos y mezclarlas con la mezcla con una cuchara de metal. Vierta en un molde para pastel de 23 cm / 9 engrasado y forrado y hornee en horno precalentado a 190°C / 375°F / gas 5 durante 20 minutos hasta que esté dorado y elástico al tacto. Deje enfriar en el molde durante 5 minutos, luego colóquelo sobre una rejilla para terminar de enfriar. Corta el bizcocho horizontalmente en tres capas.

Para preparar el relleno, bate el azúcar y la maicena hasta formar una pasta con un poco de leche. Llevar a ebullición el resto de la leche, verter sobre la mezcla de maicena y mezclar bien. Regresar a la sartén enjuagada y a fuego muy lento, revolviendo constantemente, hasta que la crema espese. Batir las yemas a fuego muy lento sin dejar que hierva la nata. Deja que se enfríe un poco y añade las nueces. Batir la nata hasta que esté firme y mezclarla con la nata. Doblar las capas junto con la nata.

Para hacer el glaseado, derrita el chocolate y la crema en un recipiente resistente al calor colocado sobre una cacerola con agua hirviendo. Untar sobre el bizcocho y decorar con chocolate blanco rallado.

pastel de frutas

Rinde un pastel de 20 cm / 8

1 manzana para cocinar (tarta), pelada, sin corazón y cortada en cubitos

25 g / 1 oz / ¼ taza de higos secos, picados

25 g / 1 oz / ¼ taza de pasas

75 g / 3 oz / 1/3 taza de mantequilla o margarina, ablandada

2 huevos

175 g / 6 oz / 1 ½ tazas de harina integral (integral)

5 ml / 1 cucharadita de levadura en polvo

30 ml / 2 cucharadas de leche desnatada

15 ml / 1 cucharada de gelatina

30 ml / 2 cucharadas de agua

400 g / 14 oz / 1 lata grande de piña picada, escurrida

300 ml / ½ pt / 1¼ tazas de queso fresco

150 ml / ¼ pt / 2/3 taza de crema espesa

Mezclar la manzana, los higos, las pasas y la mantequilla o margarina. Agrega los huevos. Mezcla la harina, el polvo para hornear y suficiente leche para hacer una mezcla suave. Vierta en un molde para pastel de 20 cm / 8 engrasado y hornee en horno precalentado a 180°C / 350°F / gas 4 durante 30 minutos hasta que esté firme al tacto. Desmoldar y dejar enfriar sobre una rejilla.

Para preparar el relleno, espolvorea la gelatina con agua en un bol pequeño y deja que se forme una esponja. Coloca el bol en una cacerola con agua caliente y deja que se disuelva. Deja que se enfríe un poco. Agrega la piña, el queso fresco y la crema y refrigera hasta que cuaje. Cortar el bizcocho por la mitad en sentido horizontal y cubrir con nata.

savarin de frutas

Rinde un pastel de 20 cm / 8

15 g / ½ oz de levadura fresca o 20 ml / 4 cucharaditas de levadura seca

45 ml / 3 cucharadas de leche tibia

100 g / 4 oz / 1 taza de harina para todo uso (pan)

un poco de sal

5 ml / 1 cucharadita de azúcar

2 huevos batidos

50 g / 2 oz / ¼ taza de mantequilla o margarina, ablandada

Para el almíbar:
225 g / 8 oz / 1 taza de azúcar glass (muy fina)

300 ml / ½ pt / 1 ¼ tazas de agua

45 ml / 3 cucharadas de Kirsch

Para el llenado:
2 plátanos

100 g / 4 oz de fresas, en rodajas

100 g de frambuesas

Batir la levadura con la leche y añadir 15 ml/1 cucharada de harina. Déjalo reposar hasta que esté espumoso. Agrega el resto de la harina, la sal, el azúcar, los huevos y la mantequilla y bate hasta que quede suave. Pasar a un molde (bandeja para hornear) de savarín o redondo de 20 cm / 8 cucharadas engrasado y enharinado y dejar en un lugar cálido durante unos 45 minutos, hasta que la mezcla llegue casi a la parte superior del molde. Hornea en horno precalentado durante 30 minutos hasta que esté dorado y no encoja por los lados del molde. Lo volteamos sobre la rejilla encima de la bandeja y lo pinchamos todo con una brocheta.

Mientras se cocina el savarín, prepara el almíbar. Disuelva el azúcar en agua a fuego lento, revolviendo ocasionalmente. Llevar a ebullición y cocinar sin revolver durante 5 minutos hasta que esté almibarado. Agrega la cereza. Vierta el savarín con el almíbar caliente hasta que esté saturado. Déjalo enfriar.

Cortamos los plátanos en rodajas finas y mezclamos con el resto de frutas y el almíbar, que escurrimos en una bandeja. Coloca el savarín en un plato y coloca la fruta en el centro antes de servir.

pastel de jengibre

Rinde un pastel de 18 cm / 7

100 g / 4 oz / 1 taza de harina con levadura (autoleudante)

5 ml / 1 cucharadita de levadura en polvo

100 g / 4 oz / ½ taza de mantequilla o margarina, ablandada

100 g / 4 oz / ½ taza de azúcar glass (muy fina)

2 huevos

Para relleno y decoración:
150 ml / ¼ pt / 2/3 taza de crema para batir o nata doble (espesa)

100 g / 4 oz / 1/3 taza de mermelada de jengibre

4 galletas de jengibre (cookies), trituradas

Unos trozos de jengibre confitado (confitado)

Batir todos los ingredientes del pastel hasta que estén bien combinados. Vierte en dos moldes para hornear de 18cm / 7cm engrasados y forrados y hornea en horno precalentado a 160°C / 325°F / gas número 3 durante 25 minutos hasta que estén dorados y elásticos al tacto. Dejar enfriar en los moldes durante 5 minutos y luego colocar en el horno para que se enfríe. Corta cada pastel por la mitad horizontalmente.

Para preparar el relleno, batir la nata hasta que esté firme. Unte la mitad de la mermelada sobre la capa base de un bizcocho y coloque la segunda capa encima. Extender la mitad de la nata y cubrir con otra capa. Untar con el resto de la mermelada y cubrir con la última capa. Untar encima el resto de la nata y decorar con migas de galleta y jengibre confitado.

Pastel de uva y melocotón

Rinde un pastel de 20 cm / 8

4 huevos

100 g / 4 oz / ½ taza de azúcar glass (muy fina)

75 g / 6 oz / 1 ½ tazas de harina común (para todo uso)

un poco de sal

Para relleno y decoración:

100 g / 14 oz / 1 lata grande de duraznos

450 ml / ¾ pt / 2 tazas de crema doble (espesa)

50 g / 2 oz / ¼ taza de azúcar glass (muy fina)

Unas gotas de esencia de vainilla (extracto)

100 g / 4 oz / 1 taza de avellanas picadas

100 g / 4 oz de uvas sin semillas (sin semillas)

Una ramita de menta fresca

Batir los huevos y el azúcar hasta obtener una mezcla espesa y ligera y dejar la masa en tiras. Tamizar la harina y la sal y mezclar suavemente hasta incorporar. Pasar con una cuchara a un molde para bizcocho engrasado y relleno de 20 cm de diámetro (molde para hornear) y hornear en horno precalentado a una temperatura de 180 °C / 350 °F / gas 4 durante 30 minutos, hasta que se inserte un palillo. sale el centro. limpio. Deje enfriar en el molde durante 5 minutos, luego colóquelo sobre una rejilla para terminar de enfriar. Corta el bizcocho por la mitad de forma horizontal.

Escurrir los melocotones y reservar 90 ml / 6 cucharadas de almíbar. Corta la mitad de los melocotones en rodajas finas y pica el resto. Montar la nata con el azúcar y la esencia de vainilla hasta que esté firme. Unte la mitad de la nata sobre la capa inferior del bizcocho, espolvoree con melocotones picados y vuelva a colocar la parte superior del bizcocho. Untar el resto de la nata por los lados y el bizcocho. Triturar las nueces picadas por los lados. Coloca los duraznos en rodajas alrededor del borde del bizcocho y las uvas en el centro. Decorar con una ramita de menta.

pastel de limón

Rinde un pastel de 18 cm / 7

Para el pastel:

100 g / 4 oz / ½ taza de mantequilla o margarina, ablandada

100 g / 4 oz / ½ taza de azúcar glass (muy fina)

2 huevos, ligeramente batidos

100 g / 4 oz / 1 taza de harina con levadura (autoleudante)

un poco de sal

Ralladura y jugo de 1 limón

Para la cobertura (glaseado):

100 g / 4 oz / ½ taza de mantequilla o margarina, ablandada

225 g / 8 oz / 11/3 tazas de azúcar en polvo (de repostería), tamizada

100 g / 4 oz / 1/3 taza de cuajada de limón

Cubrir flores para decorar.

Para hacer el bizcocho, bate la mantequilla o margarina con el azúcar hasta que esté suave y esponjoso. Agrega lentamente los huevos, luego agrega la harina, la sal y la ralladura de limón. Vierte la mezcla en dos moldes para sándwich de 18 cm / 7 cm engrasados y forrados y hornea en horno precalentado a 180°C / 350°F / gas 4 durante 25 minutos hasta que esté firme al tacto. Déjalo enfriar.

Para preparar la cobertura, bata la mantequilla o la margarina hasta obtener una consistencia esponjosa, luego agregue azúcar en polvo y jugo de limón hasta obtener una consistencia untable. Forre los pasteles con la cuajada de limón y extienda tres cuartos del glaseado sobre la parte superior y los lados del pastel y pinche los patrones con un tenedor. Coloque el resto del glaseado en una manga pastelera con punta de estrella (punta) y coloque rosetas alrededor de la parte superior del pastel. Decorar con flores de glaseado.

Puerta marrón

Rinde una tarta de 25 cm / 10

425 g / 15 oz / 1 lata grande de puré de castañas

6 huevos, separados

5 ml / 1 cucharadita de esencia de vainilla (extracto)

5 ml / 1 cucharadita de canela en polvo

350 g / 12 oz / 2 tazas de azúcar en polvo (de repostería), tamizada

100 g / 4 oz / 1 taza de harina común (para todo uso)

5 ml / 1 cucharadita de gelatina en polvo

30 ml / 2 cucharadas de agua

15 ml / 1 cucharada de ron

300 ml / ½ punto / 1¼ tazas de crema doble (espesa)

90 ml / 6 cucharadas de mermelada de albaricoque (enlatada), tamizada (colada)

30 ml / 2 cucharadas de agua

450 g / 1 lb / 4 tazas de chocolate suave (semidulce), partido en trozos

100 g / 4 oz de pasta de almendras

30 ml / 2 cucharadas de pistachos picados

Tamizar el puré de castañas y mezclar hasta que quede suave, luego dividir por la mitad. Mezclar la mitad con las yemas de huevo, la esencia de vainilla, la canela y 50 g / 2 oz / 1/3 taza de azúcar glass. Batir las claras de huevo hasta que se formen picos rígidos, luego incorporar gradualmente 6 oz / 175 g / 1 taza de azúcar en polvo hasta que se formen picos rígidos. Añadir a la mezcla de yema de huevo y castañas. Añadir la harina y poner en un molde para bizcocho engrasado y relleno de 25 cm / 10 cm de diámetro (molde para horno). Hornea en horno precalentado a

180°C/350°F/gas número 4 durante 45 minutos hasta que esté suave al tacto. Dejar enfriar, tapar y dejar toda la noche.

Espolvoreamos la gelatina con agua en un bol y dejamos hasta que quede esponjosa. Coloca el bol en una cacerola con agua caliente y deja que se disuelva. Deja que se enfríe un poco. Mezclar el resto del puré de castañas con el resto del azúcar glass y el ron. Montar la nata hasta que esté firme y mezclarla con el puré con la gelatina disuelta. Corta el bizcocho horizontalmente en tercios y haz un sándwich con el puré de castañas. Recorta los bordes y refrigera por 30 minutos.

Hervir la mermelada con agua hasta que esté bien mezclada y esparcida por la parte superior y los lados del bizcocho. Derrita el chocolate en un recipiente resistente al calor sobre una cacerola con agua hirviendo. Dale forma a la pasta de almendras en 16 formas de castañas. Mojamos la base en chocolate derretido y luego en pistachos. Cubra la parte superior y los lados del pastel con el chocolate restante y alise la superficie con una espátula. Colocar las castañas en la pasta de almendras en el borde mientras el chocolate aún esté caliente y dividir en 16 rodajas. Dejar enfriar y endurecer.

milhojas

Rinde un pastel de 23 cm / 9
Hojaldre 225 g / 8 oz

150 ml / ¼ pt / 2/3 taza de crema doble (pesada) o para montar

45 ml / 3 cucharadas de mermelada de frambuesa (enlatada)

Azúcar en polvo, tamizada

Estire la masa (pasta) hasta obtener un espesor de aproximadamente 3 mm / 1/8 y córtela en tres rectángulos iguales. Colocar en una bandeja para hornear húmeda (galleta) y hornear en horno precalentado a 200°C / 400°F / gas número 6 durante 10 minutos hasta que esté dorado. Dejar enfriar sobre una rejilla. Batir la nata hasta que esté firme. Unte la mermelada sobre dos rectángulos de masa. Forrar los rectángulos con nata y cubrir con la nata restante. Servir espolvoreado con azúcar glass.

pastel de naranja

Rinde un pastel de 18 cm / 7

225 g / 8 oz / 1 taza de mantequilla o margarina, ablandada

100 g / 4 oz / ½ taza de azúcar glass (muy fina)

2 huevos, ligeramente batidos

100 g / 4 oz / 1 taza de harina con levadura (autoleudante)

un poco de sal

Piel rallada y zumo de 1 naranja.

225 g / 8 oz / 11/3 tazas de azúcar en polvo (de repostería), tamizada

Rodajas de naranja glaseadas (confitadas) para decoración

Batir la mitad de la mantequilla o margarina y el azúcar en polvo hasta que esté suave y esponjoso. Agrega poco a poco los huevos y luego agrega la harina, la sal y la piel de naranja. Vierte la mezcla en dos moldes para sándwich de 18 cm / 7 cm engrasados y forrados y hornea en horno precalentado a 180°C / 350°F / gas 4 durante 25 minutos hasta que esté firme al tacto. Déjalo enfriar.

Batir la mantequilla o margarina restante hasta que quede esponjosa, luego agregar el azúcar en polvo y el jugo de naranja hasta obtener una consistencia untable. Cubre los bizcochos con un tercio del glaseado (glaseado) y extiende el resto por la parte superior y los lados del bizcocho y pincha con un tenedor los diseños. Adorne con rodajas de naranja glaseadas.

Gâteau de mermelada de naranja de cuatro capas

Rinde un pastel de 23 cm / 9

Para el pastel:

200 ml / 7 fl oz / poco 1 taza de agua

25 g / 1 oz / 2 cucharadas de mantequilla o margarina

4 huevos, ligeramente batidos

300 g / 11 oz / 11/3 tazas de azúcar glass (muy fina)

5 ml / 1 cucharadita de esencia de vainilla (extracto)

300 g / 11 oz / 2¾ tazas de harina común (para todo uso)

10 ml / 2 cucharaditas de levadura en polvo

un poco de sal

Para el llenado:

30 ml / 2 cucharadas de harina común (para todo uso)

30 ml / 2 cucharadas de harina de maíz (almidón de maíz)

15 ml / 1 cucharada de azúcar granulada (muy fina)

2 huevos separados

450 ml / ¾ pt / 2 tazas de leche

5 ml / 1 cucharadita de esencia de vainilla (extracto)

120 ml / 4 fl oz / ½ taza de jerez dulce

175 g / 6 oz / ½ taza de mermelada de naranja

120 ml / 4 fl oz / ½ taza de crema doble (espesa)

100 g / 4 oz de maní quebradizo, triturado

Para preparar el bizcocho, poner a hervir agua con mantequilla o margarina. Batir los huevos con el azúcar hasta que estén suaves y esponjosos, luego seguir batiendo hasta tener una mezcla muy ligera. Agrega la esencia de vainilla, espolvorea harina, levadura y sal y agrega la mantequilla a hervir con agua. Revuelva hasta que esté bien combinado. Vierte en dos moldes para pastel de 23cm / 9 engrasados y enharinados y hornea en horno precalentado a 180°C / 350°F / gas número 4 durante 25 minutos, hasta que esté dorado y elástico al tacto. Déjalo enfriar en los moldes por 3 minutos y luego mételo al horno para que se enfríe. Corta cada pastel por la mitad horizontalmente.

Para hacer el relleno, mezcla la harina, la maicena, el azúcar y las yemas de huevo hasta formar una pasta con un poco de leche. Llevar a ebullición el resto de la leche en una cacerola, verterla en la mezcla y batir hasta que quede suave. Regrese a la sartén enjuagada y deje hervir a fuego lento, revolviendo constantemente, hasta que espese. Retirar del fuego y agregar la esencia de vainilla, luego dejar enfriar un poco. Batir las claras hasta que se formen picos rígidos y luego mezclar.

Espolvorea cuatro capas de bizcocho con jerez, tres con mermelada y unta nata encima. Conecte las capas en un sándwich de cuatro capas. Montar la nata hasta que esté firme y verterla sobre el bizcocho. Espolvorea con maní quebradizo.

Pastel de nueces y dátiles

Rinde un pastel de 23 cm / 9

Para el pastel:

250 ml / 8 fl oz / 1 taza de agua hirviendo

450 g / 1 lb / 2 tazas de dátiles deshuesados (sin hueso), finamente picados

2,5 ml / ½ cucharadita de bicarbonato de sodio (bicarbonato de sodio)

225 g / 8 oz / 1 taza de mantequilla o margarina, ablandada

225 g / 8 oz / 1 taza de azúcar glass (muy fina)

3 huevos

100 g / 4 oz / 1 taza de nueces pecanas picadas

5 ml / 1 cucharadita de esencia de vainilla (extracto)

350 g / 12 oz / 3 tazas de harina común (para todo uso)

10 ml / 2 cucharaditas de canela molida

5 ml / 1 cucharadita de levadura en polvo

Para la cobertura (glaseado):

120 ml / 4 fl oz / ½ taza de agua

30 ml / 2 cucharadas de cacao en polvo (chocolate sin azúcar).

10 ml / 2 cucharaditas de café instantáneo en polvo

100 g / 4 oz / ½ taza de mantequilla o margarina

400 g / 14 oz / 2 1/3 tazas de azúcar en polvo (de repostería), tamizada

50 g / 2 oz / ½ taza de nueces pecanas, finamente picadas

Para hacer el bizcocho, vierte agua hirviendo sobre los dátiles y bicarbonato y deja enfriar. Batir la mantequilla o margarina y el azúcar refinada hasta que esté suave y esponjosa. Agrega poco a poco los huevos y las nueces, la esencia de vainilla y los dátiles. Mezclar la harina, la canela y el polvo para hornear. Vierta en dos moldes para sándwich (moldes para hornear) de 23 cm / 9 engrasados y hornee en un horno precalentado a 180 ° C / 350 ° F / gas 4 durante 30 minutos hasta que esté elástico al tacto. Colóquelo sobre una rejilla para que se enfríe.

Para hacer la cobertura, hierve el agua, el cacao y el café en una cacerola pequeña hasta obtener un almíbar espeso. Déjalo enfriar. Batir la mantequilla o margarina y el azúcar en polvo hasta que quede esponjoso y agregar el almíbar. Cubre los bizcochos con un tercio del glaseado. Cepille los lados del pastel con la mitad restante del glaseado y presione las nueces picadas. Extienda la mayor parte del glaseado restante encima y aplique algunas rosas del glaseado.

Pastel de ciruelas y canela

Rinde un pastel de 23 cm / 9

350 g / 12 oz / 1 ½ tazas de mantequilla o margarina, ablandada

175 g / 6 oz / ¾ taza de azúcar glass (muy fina)

3 huevos

150 g / 5 oz / 1 ¼ tazas de harina con levadura (autoleudante)

5 ml / 1 cucharadita de levadura en polvo

5 ml / 1 cucharadita de canela en polvo

350 g / 12 oz / 2 tazas de azúcar en polvo (de repostería), tamizada

5 ml / 1 cucharadita de piel de naranja finamente rallada

100 g / 4 oz / 1 taza de avellanas, molidas gruesas

300 g / 11 oz / 1 ciruelas enlatadas medianas, escurridas

Batir la mitad de la mantequilla o margarina y el azúcar en polvo hasta que esté suave y esponjoso. Batir poco a poco los huevos y luego añadir la harina, la levadura y la canela. Vierta en un molde cuadrado de 23 cm / 9 engrasado y forrado y hornee en horno precalentado a 180 °C / 350 °F / gas 4 durante 40 minutos, hasta que al insertar un palillo en el centro, éste salga limpio. Retirar del molde y dejar enfriar.

Batir el resto de la mantequilla o margarina hasta que quede esponjoso, luego agregar el azúcar en polvo y la piel de naranja rallada. Corta el pastel por la mitad horizontalmente y luego cubre ambas mitades con dos tercios del glaseado. Extienda la mayor parte del glaseado restante en la parte superior y los lados del pastel. Presione las nueces en los lados del pastel y coloque las ciruelas de manera atractiva encima. Envuelva decorativamente el glaseado restante alrededor del borde superior del pastel.

Pastel de capas de ciruelas pasas

Rinde una tarta de 25 cm / 10

Para el pastel:

225 g / 8 oz / 1 taza de mantequilla o margarina

300 g / 10 oz / 2 ¼ tazas de azúcar glass (muy fina)

3 huevos, separados

450 g / 1 lb / 4 tazas de harina común (para todo uso)

5 ml / 1 cucharadita de levadura en polvo

5 ml / 1 cucharadita de bicarbonato de sodio (bicarbonato de sodio)

5 ml / 1 cucharadita de canela en polvo

5 ml / 1 cucharadita de nuez moscada rallada

2,5 ml / ½ cucharadita de clavo molido

un poco de sal

250 ml / 8 fl oz / 1 taza de crema natural (light)

225 g / 8 oz / 11/3 tazas de ciruelas guisadas sin hueso (sin hueso), finamente picadas

Para el llenado:

250 ml / 8 fl oz / 1 taza de crema natural (light)

100 g / 4 oz / ½ taza de azúcar glass (muy fina)

3 yemas de huevo

225 g / 8 oz / 11/3 tazas de ciruelas cocidas sin hueso (sin hueso)

30 ml / 2 cucharadas de piel de naranja rallada

5 ml / 1 cucharadita de esencia de vainilla (extracto)

50 g / 2 oz / ½ taza de nueces mixtas picadas

Para preparar el bizcocho, bata la mantequilla o margarina y el azúcar. Agrega poco a poco las yemas de huevo y agrega la harina, la levadura en polvo, el bicarbonato de sodio, la pimienta y la sal. Añade la nata y las ciruelas pasas. Batir las claras hasta que se formen picos rígidos y mezclarlas con la mezcla. Vierta en tres moldes para pastel (moldes para hornear) de 25 cm/10 engrasados y enharinados y coloque en el horno precalentado a 180 °C / 350 °F / gas número 4 durante 25 minutos, hasta que esté bien levado y elástico al tacto. Déjalo enfriar.

Mezclar todos los ingredientes del relleno excepto las nueces hasta que estén bien mezclados. Colocar en una olla y cocinar a fuego lento, revolviendo constantemente, hasta que espese. Extiende un tercio del relleno sobre la base del bizcocho y espolvorea con un tercio de las nueces. Coloque el segundo pastel encima y cubra con la mitad del glaseado restante y la mitad de las nueces restantes. Coloca encima el bizcocho final y unta con el resto del glaseado y las nueces.

pastel con rayas arcoiris

Rinde un pastel de 18 cm / 7

Para el pastel:

100 g / 4 oz / ½ taza de mantequilla o margarina, ablandada

225 g / 8 oz / 1 taza de azúcar glass (muy fina)

3 huevos, separados

225 g / 8 oz / 2 tazas de harina común (para todo uso)

un poco de sal

120 ml / 4 fl oz / ½ taza de leche y un poco más

5 ml / 1 cucharadita de crémor tártaro

2,5 ml / ½ cucharadita de bicarbonato de sodio (bicarbonato de sodio)

Unas gotas de esencia de limón (extracto)

Unas gotas de colorante rojo

10 ml / 2 cucharaditas de cacao (chocolate sin azúcar) en polvo

Para el relleno y glaseado:

225 g / 8 oz / 11/3 tazas de azúcar en polvo (de repostería), tamizada

50 g / 2 oz / ¼ taza de mantequilla o margarina, ablandada

10 ml / 2 cucharaditas de agua caliente

5 ml / 1 cucharadita de leche

2,5 ml / ½ cucharadita de esencia de vainilla (extracto)

Algodon de azúcar de colores para decorar

Para hacer el bizcocho, bate la mantequilla o margarina con el azúcar hasta que esté suave y esponjoso. Agrega las yemas de huevo poco a poco, agrega la harina y la sal alternando con la leche. Mezclar el crémor tártaro y el bicarbonato de sodio con un poco de leche extra y agregar a la mezcla. Batir las claras hasta que se formen picos rígidos y mezclarlas con la mezcla con una cuchara de metal. Divide la mezcla en tres partes iguales. Mezcla la esencia de limón en el primer bol, el colorante rojo en el segundo bol y el cacao en el tercer bol. Vierte la mezcla en moldes para pastel de 18 cm / 7 engrasados y forrados y hornea en horno precalentado a 180°C / 350°F / gas 4 durante 25 minutos hasta que esté dorado y elástico al tacto. Dejar enfriar en los moldes durante 5 minutos y luego colocar en el horno para que se enfríe.

Para hacer el glaseado, poner azúcar glass en un bol y hacer un hueco en el medio. Agrega poco a poco la mantequilla o margarina, el agua, la leche y la esencia de vainilla hasta obtener una mezcla untable. Cubrir los bizcochos con un tercio de la mezcla y esparcir el resto por la parte superior y los lados del bizcocho, raspando la superficie con un tenedor. Espolvorea la parte superior con hilos de azúcar de colores.

Pastel St-Honoré

Rinde una tarta de 25 cm / 10

Para la masa choux (pasta):

50 g / 2 oz / ¼ taza de mantequilla (dulce) o margarina sin sal

150 ml / ¼ pt / 2/3 taza de leche

un poco de sal

50 g / 2 oz / ½ taza de harina común (para todo uso)

2 huevos, ligeramente batidos

Hojaldre 225 g / 8 oz

1 yema

Para caramelo:

225 g / 6 oz / ¾ taza de azúcar glass (muy fina)

90 ml / 6 cucharadas de agua

Para relleno y decoración:

5 ml / 1 cucharadita de gelatina en polvo

15 ml / 1 cucharada de agua

1 cantidad de glaseado de crema de vainilla

3 claras de huevo

175 g / 6 oz / ¾ taza de azúcar glass (muy fina)

90 ml / 6 cucharadas de agua

Para preparar masa choux (pasta), derrita la mantequilla con la leche y la sal a fuego lento. Llevar a ebullición rápida, retirar del fuego y agregar rápidamente la harina y revolver hasta que la masa se despegue de los lados de la sartén. Deje que se enfríe un poco y agregue gradualmente los huevos, sin dejar de batir hasta que quede suave y brillante.

Extienda el hojaldre hasta formar un círculo de 26 cm / 10½, colóquelo en una bandeja para hornear engrasada y pinche con un tenedor. Transfiera la masa choux a una manga pastelera equipada con una punta estándar de 1/2 cm y forme un círculo alrededor del borde de la masa de hojaldre. Haz un segundo círculo por la mitad hacia el centro. En una bandeja para hornear engrasada aparte, ralle la masa choux restante en bolitas. Unte toda la masa con yema de huevo y hornee en horno precalentado a una temperatura de 220 °C / 425 °F / gas número 7 durante 12 minutos para las bolas de choux y 20 minutos para que la base se dore y se hinche.

Para preparar el caramelo, disuelva el azúcar en agua y cocine sin revolver durante unos 8 minutos a una temperatura de 160 °C hasta obtener un caramelo ligero. Cepille el anillo exterior con caramelo poco a poco. Sumerge la mitad superior de las bolas en caramelo y presiónalas contra el anillo exterior de la masa.

Para preparar el relleno, espolvorea la gelatina con agua en un bol y deja que se forme un bizcocho. Coloca el bol en una cacerola con agua caliente y deja que se disuelva. Deja enfriar un poco y agrega la crema de vainilla. Batir las claras hasta que se formen picos rígidos. Mientras tanto, hervir el azúcar y el agua a 120°C o hasta que una gota de agua fría forme una bola dura. Batir poco a poco la nieve de las claras y luego batir hasta que se enfríe. Añade la nata. Untar la nata en el centro del bizcocho y dejar enfriar antes de servir.

Pastel De Choux De Fresa

Rinde un pastel de 23 cm / 9

50 g / 2 oz / ¼ taza de mantequilla o margarina

150 ml / ¼ pt / 2/3 taza de agua

75 g / 3 oz / 1/3 taza de harina común (para todo uso)

un poco de sal

2 huevos, ligeramente batidos

50 g / 2 oz / 1/3 taza de azúcar glass, tamizada

300 ml / ½ punto / 1¼ tazas de crema doble (espesa), crema batida

Fresas 225 g / 8 oz, partidas por la mitad

25 g / 1 oz / ¼ taza de almendras blanqueadas (en rodajas)

Coloque la mantequilla o margarina y el agua en una cacerola y deje hervir lentamente. Retirar del fuego y agregar rápidamente la harina y la sal. Incorpora poco a poco los huevos hasta que la masa esté brillante y no se desprenda de los lados de la sartén. Coloca cucharadas en círculo sobre una bandeja (para galletas) engrasada para formar un bizcocho redondo y hornea en horno precalentado a 220°C / 425°F / gas número 7 por 30 minutos hasta que esté dorado. Déjalo enfriar. Corta el bizcocho por la mitad de forma horizontal. Batir el azúcar en polvo con la crema. Cubre las mitades con crema, fresas y almendras.

www.ingramcontent.com/pod-product-compliance
Lightning Source LLC
Chambersburg PA
CBHW050152130526
44591CB00033B/1282